中国特色专业
社会工作发展模式研究

以广东"双百计划"为例

向　羽◎著

光明日报出版社

图书在版编目（CIP）数据

中国特色专业社会工作发展模式研究：以广东"双
百计划"为例 / 向羽著 . -- 北京：光明日报出版社，
2024.9. -- ISBN 978 - 7 - 5194 - 8289 - 3

Ⅰ. D632

中国国家版本馆 CIP 数据核字第 2024V20N38 号

中国特色专业社会工作发展模式研究：以广东"双百计划"为例
ZHONGGUO TESE ZHUANYE SHEHUI GONGZUO FAZHAN MOSHI YANJIU：
YI GUANGDONG "SHUANGBAI JIHUA" WEILI

著　　者：向　羽			
责任编辑：杨　茹		责任校对：杨　娜　李学敏	
封面设计：中联华文		责任印制：曹　净	

出版发行：光明日报出版社

地　　址：北京市西城区永安路 106 号，100050

电　　话：010-63169890（咨询），010-63131930（邮购）

传　　真：010-63131930

网　　址：http：// book. gmw. cn

E - mail：gmrbcbs@ gmw. cn

法律顾问：北京市兰台律师事务所龚柳方律师

印　　刷：三河市华东印刷有限公司

装　　订：三河市华东印刷有限公司

本书如有破损、缺页、装订错误，请与本社联系调换，电话：010-63131930

开　　本：170mm×240mm			
字　　数：178 千字		印　　张：14	
版　　次：2025 年 1 月第 1 版		印　　次：2025 年 1 月第 1 次印刷	
书　　号：ISBN 978 - 7 - 5194 - 8289 - 3			

定　　价：68. 00 元

目　录
CONTENTS

图目录

表目录

序　言

　　社会工作既是一项艺术，也是一门科学，社会工作实践既是政治性的，也是道德性的，这充分说明专业社会工作具有多样性。一方面，社会工作是一个具有国际性的专业，全球社会工作都有较为统一的定义，遵循相对统一的伦理价值原则。另一方面，社会工作又是一个具有本土性的专业，不同国家和地区因其不同的社会脉络而发展出不同样态的社会工作。本土化发展，一直是社会工作后发国家和地区积极追求的目标，几乎都会经历引进模仿、学习转化和内生扎根等阶段。从20世纪30年代的乡村建设运动到20世纪80年代开始倡导的民政工作专业化，中国社会工作本土化发展的实践探索一直在进行。中国专业社会工作在2006年之后得到快速发展。尽管在学术界倡导嵌入性发展的观点影响较大，但在实践中，不同地方更多遵循了新公共管理的逻辑，采用准市场机制，即推行政府购买社会工作服务模式。该模式对推动专业社会工作在中国的发展，扩大社会福利供给范围确实有积极作用。但推行该模式吊诡的后果是，越需要社会工作服务的地方越不可能有社会工作服务，越推行该模式社会服务供给越不均衡，这有违社会工作专业公平正义的价值观念。一方面，政府购买社会工作服务总是率先出现在经济社会较为发达的省市、区域和城市，而这些省市、区域和城市往往原有的社会服务供给相对充沛。另一方面，经济社会相对落后的省市、区域和农村，它们的问题和需求更为迫切，原有社会服务供给相对落后，但它们没能力推行政府购买社会工作服务。显然，中国社会工作本土化发展不能仅着眼于经济社会相对发达的城市地区，更要关注广大偏远的农村地区。党的十九大报告做出了"中国特色社会主义进入新时代"的重大判断，习近平新时代中国特色社会主义理论更加强调"以人民为中心"，强调"党的领导"，强调"在发展中保障和改善民生"，强调"基层社会治理"和"乡村振兴"。这些理论判断为发展具有中国特色本土专业社会工作提供了方向指引。

本书研究的焦点是中国特色专业社会工作发展模式，将广东省2016年以来推行的"双百计划"作为研究案例。作为一名长期专注中国农村本土社会工作实务的研究者和实践者，一名广东"双百计划"的亲历者和参与者，笔者认为将广东"双百计划"定位为具有中国特色专业社会工作发展模式是准确和恰当的。因为广东"双百计划"确实是进入新时期以来，专业社会工作本土化、中国化发展的新尝试。具体而言，"双百计划"是基于政府购买社会工作服务准市场化不足的现实，采取政府直聘社工驻守村居，以社区为本整合社会工作实务模式来确保社会工作的专业性、社会性和合法性；但在实际执行过程中要谨防出现社会工作行政化（"行政主导专业"）从而反噬专业自主性和合法性的困境。本书的作者曾作为"双百计划"专业核心团队成员参与其中，这段经历难免会让其有更多的价值和情感涉入，需要在研究过程中做更多反身性披露，但这也是他能顺利进行这项研究的优势所在。总体而言，本书的作者真实地还原了"双百"模式的发展历程，客观地归纳了"双百"模式的要素维度，系统地分析了"双百"模式兴起的多重脉络，准确恰当地呈现出中国特色专业社会工作发展模式的样态。

另外，正如本书作者所言，探索建立具有中国特色专业社会工作体系，在理论和实践上都是一项未竟之事业，希望本书只是一个开始。

张和清

中山大学社会学与人类学学院　教授　博导

中国社会工作教育协会　副会长

2023 年 6 月于广州

第一章

研究背景与目的

常言道，以史为鉴，可知兴替。探讨具有中国特色专业社会工作发展模式，需要从专业社会工作发展历史中汲取养分。20世纪20年代，专业社会工作便开始在中国出现，主要由西方传教士和中国在英美接受教育训练的学者引进和发起，西方教会举办的高校和福利机构在专业教育和实务推展中发挥着重要作用。在新中国成立之后，出于意识形态的原因，社会工作被视为资产阶级的伪科学，在1952年的高校院系调整中被取消，专业社会工作在中国的发展中断。但社会工作实务在计划经济体制中得到另类延续，以行政性、非专业的社会工作形式存在。1978年的改革开放给专业社会工作的发展带来转机，新的意识形态理论重新认定了专业的政治、学术及实践价值，专业社会工作随着社会学的重建得以逐步恢复。专业社会工作恢复重建和发展，除了受意识形态和政治因素影响，还与中国经济市场化改革有关。市场化改革从需求与供给两方面对恢复和发展专业社会工作提出要求。一方面，经济体制市场化改革引发了诸多新兴社会问题；另一方面，经济体制改革对原有社会保障或福利供给体制形成冲击。两者都需要专业社会工作协助解决。总之，在民政部和教育部的共同努力下，专业社会工作率先在教育领域恢复重建，并得到快速发展。有研究者将此阶段中国专业社会工作发展的特点归纳为"教育先行""后生快发"。

　　进入 21 世纪，特别是 2006 年以来，专业社会工作在中国进入前所未有的迅猛发展阶段。首先，中国从顶层设计上搭建起专业社会工作政策和制度体系。2006 年，中共中央十六届六中全会作出"建设宏大的社会工作人才队伍"的战略部署。2010 年，中共中央、国务院印发《国家中长期人才发展规划纲要（2010—2020 年）》，社会工作专业人才被确立为国家六支主体人才队伍之一。2011 年，中组部、民政部等18 部委发布《关于加强社会工作专业人才队伍建设的意见》。2012 年，民政部等 19 部委发布《社会工作专业人才队伍建设中长期规划（2011—2020 年）》。前述系列文件的印发，奠定了专业社会工作发展的制度基础。此外，2012 年，民政部、财政部发布《关于政府购买社会工作服务的指导意见》；2013 年，国务院办公厅出台《关于政府向社会力量购买服务的指导意见》；2013 年，民政部印发《关于加快推进灾害社会工作服务的指导意见》；2013 年，民政部、财政部印发《关于加快推进社区社会工作服务的意见》。前述配套政策出台进一步完善了专业社会工作发展的制度体系，有力地推动其发展。其次，中国建立起学历学位教育、职业水平考试和在职在岗培训"三位一体"的专业社会工作人才培育体系。2008 年，中国开始启动全国社会工作者职业水平考试。2009 年，中国正式启动社会工作专业学位研究生教育，目前已经建立起专科、本科、硕士和博士不同层次的学历学位教育体系。此外，中组部、人社部、民政部等部门每年通过各类培训项目对社会工作从业人员进行大量的在职在岗培训。具体来说，在学历学位教育方面，截至 2021 年 11 月，中国开设社会工作本科、专科的教育高校达到 412 所，开设社会工作专业硕士教育的高校（研究机构）达到 179 所，开设社会工作及其方向的博士点 22 个，每年培养各类社会工作专业毕业生超过 4 万人（功能社工，2022）。在职业水平考试方面，2019 年以来，全国社会工作者职业资格考试报名人数以每年 10 余万人的数量逐年大幅递增（新华网，2022），2021 年，全国社会工作者职业资格考试报名人数达 82.9 万，再创历史新高（澎湃媒体，2022）。截至 2020 年年底，全国持证社会工作者达到 66.9 万人，其中助理社会工作师 50.7 万人，社会工作师 16.1 万人（中华人民共和国民政部，2021）。截至 2021 年年底，全国持证社会工作者达到 73.7 万人（新华网，2022），全国社工专业人才总量达到 157 万人（澎湃媒体，2022）。2021 年，高级社会工作师评审工作首次开展，最终评出 238 名高级社工师；初、中、高级相衔接的社会工作者职业资格制度体系真正成为现实（澎湃媒体，2022）。最后，中国以培育专业社工机构、开发专业社工岗位、建设社工行业协会等举措，探索建立社会工作职业体系。具体而言，在实务机构方面，截至 2020 年年底，全国社区综合服务机构和设施达到 51.1 万个，社区养老服务机构和设施达到 29.1 万个，全国社会组织达到 89.4 万个（中华人民共和国民政部，2021）。截至 2021 年 11 月，全国专业社会工作机构达到 15444 家（功能社工，2022）。在工作岗位方面，截至 2017 年，全国各地共开发了 312089 个社会工作专业岗位，设置了 36485 个社会工作服务站（中华人民共和国民政部办公厅，2018）。在经费投入方面，仅 2017 年，全国各地投入社会工作经费达 51.1 亿，广东省投入超过 18 亿，上海市投入超过 13 亿（中华人民共和国民政部办公厅，2018）。在实务发展方面，2021 年，乡镇（街道）社工站建设取得重大进展，全年投入资金约 24.9 亿元，已建成乡镇（街道）社工站 1.7 万余个，引领 5000 余家社会工作服务机构扎根基层，4 万余名社会工作者驻站开展服务（澎湃媒体，2022）。

近年来，中国专业社会工作迎来新的发展契机。2017 年，中国共产党召开第十九次全国代表大会，确立了习近平新时代中国特色社会主义思想的指导地位。十九大报告提出了新时代坚持和发展中国特色社会主义的基本方略，包括坚持以人民为中心、坚持在发展中保障和改善民生、坚持党对一切工作的领导等。这一重大的理论成就为中国专业社会工作的发展指明了方向，提供了遵循。2021年4月，中共中央、国务院发布《关于加强基层治理体系和治理能力现代化建设的意见》，提出要完善党全面领导基层治理制度、加强基层政权治理能力建设和健全基层群众自治制度；具体包括完善党建引领的社会参与制度、增强乡镇（街道）为民服务能力、优化村（社区）服务格局和加强基层治理队伍建设等。同一时期，民政部办公厅印发《关于加快乡镇（街道）社工站建设的通知》，提出力争"十四五末"，实现全国乡镇（街道）都有社工站，村（社区）都有社会工作者提供服务的奋斗目标。2023年3月，中共中央、国务院印发《党和国家机构改革方案》，提出组建中央社会工作部，职责包括……统筹推进党建引领基层治理和基层政权建设，统一领导全国性行业协会商会党的工作，协调推动行业协会商会深化改革和转型发展，指导混合所有制企业、非公有制企业和新经济组织、新社会组织、新就业群体党建工作，指导社会工作人才队伍建设等。总之，进入新时期以后，无论是党的指导思想还是政府部门的制度安排，都对中国专业社会工作发展提出了新要求，也提供了新契机。

事实上，20世纪80年代中后期专业社会工作恢复重建以来，学术界关于中国专业社会工作发展模式和路径的讨论就从未停息，实务界追求具有中国本土特色专业社会工作实践的步伐也从未停止。2006年之后，在学术界，公认影响最大的观点是王思斌倡导的嵌入式发展模式（王思斌，2011），但在实务界，政府购买社会工作服务模式似乎才是主流和热点。随着中国特色社会主义进入新时代，面对社会主要矛盾的转变，无论是实务界还是学术界，都急切呼唤建立具有中国特色的社会工作体系。民政部社会工作司负责人在2017年接受媒体采访时表示：我国将加快社会工作发展步伐，力争到2020年基本形成具有中国特色的社会工作服务体系。一方面，加快促进社会工作融入社会治理大局，积极推动社会工作与社会治理相结合；另一方面，促进社会工作融入民政事业发展大局，切实增强民政为民服务、为民解困的实效（新华社，2017a）。王思斌（2019a）指出中国特色社会工作体系建设包括三个特点：第一，在党的领导、政府主导下，各方力量协同努力、共同建设；第二，从人民特别是困难群体最关心、最直接、最现实的问题入手；第三，坚持专业化、本土化、职业化并举。中国式现代化进程需要建立具有中国特色的社会工作体系，这意味着专业社会工作需要重新本土化（王思斌，2023）。建立具有中国特色的专业社会工作是一项重大课题，也是一项未竟事业，还有待在实践和理论两方面进行探索。

广东省是全国最早推动专业社会工作发展的省市之一，也是全国专业社会工作发展最为成熟的省市之一，广东的发展历程和经验对探索建立中国特色的专业社会工作具有参考意义。在专业实践方面，2006年以前，专业社会工作尚未被纳入各级党委政府的工作范畴，广东专业社会工作实践已经起步。20世纪90年代，广州已有部分社会服务机构开始探索专业社会工作服务。例如，市老人院与香港圣公会福利协会合作、荔湾区逢源街道办事处与香港国际社会服务社合作，尝试引进香港社会工作的专业理念和服务手法；仁爱社会服务中心、扬爱特殊孩子家长俱乐部等民间组织于同一时期开始探索提供具有社会工作元素的社会服务（广州市民政局，2016）。另外，在专业教育方面，早在20世纪30年代，中山大学社会学系和私立岭南大学社会学系都开设了一些与社会工作相关的课程（张宁渤，2012）。在社会学恢复重建之后，中山大学社会学系与香港大学社会工作与社会行政学系开展为期3年的社会工作教育与研究计划，为1984级本科生系统开设社会工作专业课程，举办全国首届社会工作师资培训班（陈社英，2020；张宁渤，2012），直接推动社会工作教育重建。自1999年开始，华南农业大学、广东商学院、中山大学、广州大学、广东工业大学等高校相继设立社会工作专业（广东省民政厅，2016）。截至 2018 年 11 月，广东地区共有 20 多所高校开设社会工作本科，其中 7 所开设社会工作硕士教育，1 所开设社会工作专业方向博士教育（顾江霞、黄晓，2018）。社会力量率先探索专业服务实践和高校专业教育发展，两者为广东社会工作起步奠定专业基础。

2006 年，广东省率先启动专业社会工作试点探索。同年，民政部在广东省召开全国民政系统社会工作人才队伍建设推进会，这成为广东迅速进行试点探索的契机。2009 年，广东省与民政部签订《民政部广东省人民政府共同推进珠江三角洲地区民政工作改革发展协议》，明确将"率先建立现代社会工作制度""将珠江三角洲地区逐步建成社会工作发展和社会工作人才队伍建设示范区"作为推进目标。2007 年，广州市荔湾区、深圳市南山区、龙岗区、盐田区、广东省少年儿童救助保护中心、广州市老人院被确定为民政部第一批试点地区和单位（广东省民政厅，2016）。2008 年，深圳率先按照"政社分离、政事分开"的原则，通过招标、竞标方式向社会公益性民间组织购买服务，并以合同方式确定双方的责、权、利关系，促进公益资源的共享及合理分配，推动政府从直接"养机构、养人、办事"向购买公益性民间组织服务转变（深圳市民政局，2016），即机构社工以岗位形式嵌入政府职能部门及事业单位开展专业服务，这便是有名的政府购买社会工作岗位试点。同年，政府购买社会工作服务试点项目启动，广州社会工作从基层自发实践走向党委政府主导推动阶段（广州市民政局，2016），即政府购买社会工作项目试点。此后，广东社会工作以广州、深圳两市为代表，得以快速发展。过去十多年，广东各地顺应政府职能转变的趋势，大力推进政府购买社会工作服务，逐步探索出政府出资购买、社会组织承办、全程跟踪评估的社会工作服务供给方式（广东省民政厅，2016）。截至2017 年，广东省共有社会工作服务机构 1406 家，累计有 64836 人取得社会工作职业资格证书，2017 年投入政府购买服务经费 18.6 亿元（中华人民共和国民政部办公厅，2018）。可以说，2006—2016 年，广东专业社会工作逐步兴起和兴盛，政府购买社会工作服务成为专业社会工作发展的主流模式。

2016 年，广东专业社会工作发展迎来转折点。当年 10 月，广东省民政厅印发《广东省民政厅关于做好粤东西北地区"双百镇（街）社会工作服务站"建设运营示范项目申报工作的通知》，计划 2017—2021年连续 5 年资助粤东、粤西、粤北地区和惠州市、肇庆市、江门市台山、开平、恩平等地建设运营 200 个镇（街）社会工作服务站，设置 940 个社会工作岗位。该文件标志着广东社工"双百计划"（后文简称"双百"）正式启动。这意味着广东省在原有政府购买社会工作服务模式之外开始探索新的专业社会工作发展路径。2020 年 11 月，广东省民政厅、财政厅等联合发文，提出用两年时间实现全省乡镇（街道）社会工作服务站 100%覆盖、困难群众和特殊群众社会工作服务 100%覆盖。2020 年 10 月，民政部召开加强乡镇（街道）社会工作人才队伍建设推进会，重点推介广东等地通过乡镇（街道）社工站建设，打通为民服务"最后一米"，解决基层民政服务能力不足的发展经验。2021年，民政部正式发文提出在"十四五末"要实现全国乡镇（街道）社工站全覆盖，由广东"双百"引发的乡镇（街道）社工站建设浪潮正在全国各省市兴起。广东"双百"乃至民政部正在力推的乡镇（街道）社工站建设，都是步入新时期之后，中国专业社会工作发展的新尝试和新探索，对新时期建立具有中国特色社会工作体系的要求作出回应。已有研究指出，广东"双百"就是在探索一种中国特色的社会工作发展模式和道路（张和清等，2021；向羽、张和清，2023）。

如前所述，探索建立具有中国特色专业社会工作体系在实践和理论上都是一项未竟事业，或者说现有的实践和研究仅是刚刚起步。在此背景下，研究者将以广东"双百计划"作为案例，探讨建立具有中国特色专业社会工作发展模式的具体经验。研究目的包括：第一，描述中国特色专业社会工作发展模式的样态；第二，分析中国特色专业社会工作发展模式的兴起。以广东"双百计划"为例，具体研究问题包括："双百"社会工作模式是怎样产生和发展的？"双百"社会工作模式包含哪些维度和要素？"双百"社会工作模式兴起的脉络有哪些？不同的脉络对其产生了怎样的影响？"双百"社会工作模式与业已存在的专业社会工作模式有何异同？"双百"社会工作模式的发展经验与英美以及中国传统社会工作发展经验有何异同？"双百"社会工作模式对社会工作实务和中国专业社会工作发展有何启发？

第二章

英美专业社会工作发展

专业或职业是被人们所处时代的社会和政治现实及所在社会所塑造的，专业的取向和实践是对他们所处的更大社会的主流意识形态和价值观的反映（Goldenberg, 1971）。显然，专业社会工作发展适合这样的分析。社会工作作为一种专业或职业的出现，是对公共议题和个人麻烦进行有组织的、专业性干预的象征，是对社会结构和社会需求变化的一种制度性回应（Parsons, 1939）。社会工作的发展及其推动变革的能力受到不断变化的政治气候的强烈影响，政治气候由经济状况、政治干预的性质和社会运动的力量所塑造，其他影响还包括引起个人问题的原因、市场和国家的作用等观点的变迁（Abramovitz, 1998）。具体而言，专业社会工作发展深受几个因素影响，包括社会—经济变迁、政策变革、技术革新和意识形态转变（Xiong & Wang, 2007）。本研究旨在探究中国特色专业社会工作发展模式，而现代专业社会工作起源于英美两国，其发展历程和脉络对本研究具有启发意义。本章将探讨英美两国专业社会工作发展历程及脉络的文献。

第一节 英美专业社会工作的产生

所有社会都有其帮助处于困境中的个体、家庭及社区的方式，在任何时候福利都有其特定的组织形式和社会目的（Payne，2005）。社会工作的起源及其发展过程在各国的历史上虽不尽相同，但有一个共同点，即各国的社会工作大都源于慈善事业或济贫事业，因为古今中外皆有贫民，既有贫民则不得不设法救济之，处理之（言心哲，2012）。

一、从传统慈善到科学慈善

英国是现代专业社会工作的发祥地（民政部社会工作司，2010）。现代社会工作的意义与特质，虽与以往的慈善事业或济贫行政有许多不同之处，但论及社会工作的历史，如果不从慈善事业的历史因素加以研究，很难对现代社会工作的由来、性质、概念与哲学等有深入了解（言心哲，2012）。社会工作在英国出现的社会脉络存在三种不同的来源：济贫法案、慈善组织会社和社区睦邻运动。慈善组织会社发展出社会个案工作，一种与济贫法福利相结合的方法，演变成本地政府的社会工作；社区睦邻运动发展成社会改革运动，在社区和群体层面朝向更加激进的社会行动（Payne，2005）。现代专业社会工作脱胎于传统慈善救助事业，要探究专业社会工作的起源，必须考究其慈善事业发展历程。英国立国以来，直到改革时代（Period of Reformation）济贫事业几乎全归教堂执行，政府未负任何责任，修道院与天主堂成为推行慈善事业的重要机关，直接负救济责任者为各教区之牧师；但当时的救济制度，既没有详细调查，也缺少严密组织，各区教徒喜欢自由施舍，牧师不免滥施；那时天主教徒的施舍动机在于补偿罪过，自由施舍之风颇盛，结果贫民人数反而日渐增多（言心哲，2012）。1601 年英王室通过了《伊丽莎白济贫法》（*The Poor Law*），在济贫法促成下，英国形成了对贫困群体的合理慷慨，建立了统一的济贫机关，由非授薪的地方机关负责救济，同时向地主征收济贫税确立财务来源（Payne，2005；言心哲，2012）。英国政府重新划分了 15000 个教区，加强了中央政府的社会行政管理，开始利用国家机器来解决工业社会剩余人口问题（Marshall，1985）。济贫法颁布以来，济贫事业逐步成为英国国家要政之一，济贫法最值得效仿之处在于确立了国家对穷人有扶助的义务（言心哲，2012）。济贫法给予穷人援助是公共的，由法定当局予以实施，这在社会工作历史上具有重要地位（Ashton & Young，1998）。另外，1795 年英国议会通过"就业劳工的家庭生活费低于法定标准，则由济贫税补助其中的差额，失业劳工则全额补助"的原则，即著名的《斯宾汉兰法》（*Speenhamland Act*），这种福利措施具有最低工资和家庭津贴的意涵（庄秀美，2004）。依据此办法，贫民救济采取居家原则，根据家庭大小而有不同的救济金额，院外救济重新崛起（林万亿，1994）。斯宾汉兰制度确实缓和了劳工生活的不安，但也造成更多人接受完整或部分的救济，使救济负担大幅提高；救济折损了劳工的工作意愿，招致道德与经济方面的批评。（庄秀美，2004）为此，英国议会于 1834 年通过《济贫法（修正案）》（*The Poor Law Amendment Act of 1934*），确立了三项原则，即全国统一救济条件，建立劳役所制度（workhouse system，以院内救济为原则，废除院外救济），确立劣等处遇原则（principle of less-eligibility，给予收容者的待遇应低于一般工人）（徐震、林万亿，1999）。新济贫法取消了教区的济贫管理权，将其交给新的济贫工会，救济官员便成为第一代国家社会工作者（Pierson，2022）。在新济贫法强调的"节约与自助"精神之下，民间慈善组织在济贫工作上的位置与功能日益凸显（庄秀美，2004）。民间社会事业的萌芽和发展催生了社会工作的出现。例如，佩恩（Payne，2005）认为 19 世纪慈善事业的发展导致社会工作作为一种方法以科学慈善（scientific charity）的形式出现，这主要源于慈善组织会社（charity organization society）运动。在那之后，英国社会工作开始踏入新阶段，即所谓现代社会工作，其主要特点是在实践中不断运用社会个案工作（言心哲，2012）。

具体来说，1869 年伦敦慈善组织会社成立，旨在为指导慈善救济提供原则和协调不同的慈善组织，不同区域的慈善组织被整合进本地慈善事业之中（Woodroofe，1962）。慈善组织会社的成立部分源于当时人们对于传统慈善救助的不满。在慈善组织会社成立的几十年前，查默斯（Thomas Chalmers）关于贫困和访视的观点已经很有影响力，他关于社会工作的哲学和穷人的权利与义务对家庭个案工作影响深远。（Ashton & Young，1998）被视为社会个案工作创建者的查默斯对其所辖的格拉斯哥（Glasgow）教区的济贫制度实践进行考察，得出结论：（1）济贫法的实施对于真正有需要和没需要的人民没有甄别；（2）济贫法实施后，贫穷人数不仅没减少，反而增多；（3）执行救济的人照顾其亲友，有滥施浪费的弊端；（4）赤贫的形成，不仅有外界原因，还有浪费习惯、缺乏知识等个体原因（言心哲，2012）。查默斯对英国济贫法实践观察发现，济贫体系既让参与的个体士气低落，在原则上也没有逻辑性，因为公共慈善机构不加区分的救助让人们失去奋斗的动力，只是等待机构救援，让公共救助资金成为"无底洞"（Ashton & Young，1998）。因此，查默斯对济贫制度提出改善意见：第一，必须多应用科学方法考察贫民的实际需求，有效制止无须救助者；第二，停止公家救济经费，由非政府举办的机关代替，避免滥施；第三，对贫民多倡导教育，鼓励节约，以及其他生活方面的改善（言心哲，2012）。在查默斯看来，在慈善救济中，"没有任何意义"的金钱礼物应当被阻止，应该努力创造个人的身心状态使其自食其力；救助应以道德性和教育性为目的，而不是使人士气低落；鼓励增强底层人士道德性和独立性的活动，认为应塑造性格和解决个人问题，而不是进行物质援助，这些需要通过基督教教育来实现（Ashton & Young，1998）。查默斯强调济贫工作要遵循四项原则：（1）仔细调查每个个案致贫的原因和自我维持能力；（2）不能自我维持的，其亲戚、朋友、邻里被鼓励支持救济工作；（3）家庭不能自我支持者，才由地方上有钱的市民负责；（4）如果仍不足维系，才由教区负责，请求公共协助（林万亿、郑君如，2014）。

在慈善组织会社成立之前，家庭个案工作的一些要素已经被提出并付诸实践；个案工作方法的要素，如访谈、访视、个案委员会、证据筛选、在决定救济扶助前考虑整个家庭的需要等，为社会工作先驱提出（Ashton & Young，1998）。但当时的伦敦民间慈善组织常常不做需求调查，导致出现大量的混乱状况（Woodroofe，1962）。不同的慈善组织之间彼此竞争，慈善救济出现彼此重叠，不同组织之间缺乏协调与合作，很多民众认为这种混乱导致无差别救济，进而导致慈善资源的滥用和浪费（Ashton & Young，1998；Clarke，et al，1992）。慈善组织会社运动形成的原则包括：慈善救助需要统一组织和彼此合作；只帮助那些值得（deserving）帮助的个案；慈善救助的范围要有限度；救助帮扶要足够促进个体和家庭的增生，促成独立性（Ashton & Young，1998）。慈善组织会社的成立既解决了不同慈善组织间的协调问题，也对慈善救济的方法做出改善。调查和评估的方法被应用到那些申请救助的人身上，用以判断他们是否值得帮助，他们的道德特质被强调（Payne，2005），实地考察被视为服务个人的首要工作，认为个人的贫穷及痛苦的原因颇为复杂，仅以金钱协助个人是无济于事的，有必要从社会及心理等方面来研究求助者的个人生活（言心哲，2012）。慈善组织会社强调针对求助者召开个案会议（case conference）和友善访问（friendly visiting），以生动地说明求助者的问题需求、自我恢复的责任等（Franklin，1986）。慈善组织会社引入科学慈善的原则来向穷人提供救济，这种方法反映了当时所遵循的新的科学管理理论，呼吁慈善机构进行更有效的救助和更理性的布施，对贫困人口进行调查，强调道德上的自助，主张废除城市公共救济（Stern & Axinn, 2018）。这些理念在住房运动中得以发展运用，住房运动旨在为工人阶级提供更好的住房，改善其居住条件；友善访问的方法被希尔（Octavia Hill）引入伦敦住房运动之中；这是评估（assessment）作为社会工作实践基石的开端（Payne, 2005）。慈善组织会社对申请人进行调查，最终导致个案工作方法的发展和社会工作职业的出现（Stern & Axinn, 2018）。慈善组织会社对慈善救济方法的改进是社会工作专业化发展雏形的表现之一（雷杰、蔡天, 2019）。具体而言，慈善组织会社发展出了一套个案文书，详细记录家庭成员的数量、规模、收入来源、必要支出和求助的性质等，并建立起个案工作委员会，个案救助决定并非个人行为，而是出于集体智慧（Ashton & Young, 1998）。慈善组织会社是社会工作专业化发展的雏形还表现在对专业教育的推动，发展出全职授薪工作员和建立了行业协会（雷杰、蔡天, 2019）。慈善组织会社率先开启了对社会工作者的方法和技能训练，1880 年左右便开始针对工作员进行办公管理、个案记录和个案展示等方面的训练，在 1890 年之后，个案方法的实务训练变得愈加重要，成为其每年的工作重点之一；另外，慈善组织会社在 1903 年成立专门训练社会工作者的社会学学院（School of Sociology）（Ashton & Young, 1998）。另外，早在 1870 年 7 月，慈善组织社会成立不久便建立授薪的全职专业工作岗位，泊桑奎特（Bosanquet）成为其首任秘书长，后由洛克（Charles Stewart Loch）继任，慈善组织会社在这两位的领导下对 19 和 20 世纪的社会工作产生深远影响（Ashton & Young, 1998）。简而言之，慈善组织会社的出现源自希望让布施变得更科学、高效和具有预防性，对慈善组织会社而言，贫困的解决不是通过再分配进行救济，而是对穷人品性的再塑造；指导性哲学是通过调查和研究求救助者的性格，通过教育和发展来改变穷人，消除贫困（Franklin，1986）。慈善组织会社推动的济贫救助工作实际上就是"慈善社会工作"（charitable social work）（Pierson，2022）。可以说，慈善组织会社的成立及其推行的实践方法，让传统慈善向科学慈善转型，同时也开启了现代专业社会工作的发展历程。

英国慈善组织会社的这些理念快速地在美国传播，由于其缺乏济贫法强调扩大国家供给的传统，对美国社会工作发展产生重大影响；反过来，由于美国社会工作在专业和学术上的优势，一直到 20 世纪 50 年代在国际上都属于主导性力量，西方社会工作概念强烈地受此传统影响，而非英国和欧洲国家那样强调由公共部门供给服务（Payne，2005）。美国慈善组织会社运动接受社会达尔文主义作为其帮助或不帮助穷人的理论基础，并将这一过程称为科学慈善；救济输送系统关注的是个人病理学，而不是社会制度的失灵（Stern & Axinn，2018）。例如，美国的里士满（Marry Richmond）于 1917 年出版《社会诊断》（*Social Diagnosis*），1920 年出版《何谓社会个案工作》（*What is Social Case Work*），开辟了专业社会工作发展的新纪元（言心哲，2012）。《社会诊断》尤其值得注意，它对专业发展具有开创性贡献，首次系统地提出为社会工作者所用的方法，特别适合那些从事个人和家庭工作的社工，这回应了亚伯拉罕·弗莱克斯纳（Abraham Flexner）于 1915 年对专业的质问；20 世纪20 年代，弗洛伊德的精神分析进入美国，并为社会工作界急切地抓住，成为个案工作的智力基础（Rothman & Mizrahi，2014）。社会工作者对弗洛伊德心理学的学习和操作，一改过去重视社会经济面的处理而转向心理面的分析，社会工作者不再是关心贫民的慈善布施者，不再是费神区分值得与不值得（undeserving）的贫民，而转变成可以操弄医学字眼、关心心理问题、处理病态社会症状的社会医生（social physician）

（Woodroofe，1962）。社会工作者因过度重视个人因素而忽视经济与社会条件的不公平固然需要批判，但毋庸置疑，弗洛伊德的精神分析确实使社会工作找得科学的基础（林万亿、郑君如，2014）。

二、睦邻运动与社会改革

慈善组织会社与睦邻运动同为专业社会工作的起源，但其对贫穷原因的看法和对待穷人的态度却有所不同（Stern & Axinn，2018）。第一个社区睦邻中心是由巴涅特（Samuel A. Barnett）1884 年在伦敦东部贫困地区建立的汤恩比馆（Toynbee Hall）（Payne，2005；言心哲，2012）。名为汤恩比馆是为了纪念曾在东伦敦区从事调查和服务，因过劳于 30 岁英年早逝的汤恩比（1852—1883）（黄彦宜，2007；言心哲，2012）。巴涅特曾担任圣贾奇（St. Jude）的牧师，圣贾奇是伦敦东边受工业革命影响最深的区域，人民的生活至为悲惨；在巴涅特看来，工业和都市变迁对英国教区制度的建立有莫大的妨碍；为了解决各种社会问题，改造人民生活，他发现一种新的方法，这种方法类似于大学教育推广（University Extension）工作（言心哲，2012）。巴涅特是慈善组织会社发起成员之一，因对慈善组织会社无法改善穷人的生活和工作状况感到不满，转而强调贫穷状况的恶化是结果而不是原因，尝试以不同取向提供服务；他的论述和做法某些程度偏离了慈善组织会社的原则，他试图了解穷人的处境，认为不是他们人格缺失或能力不足，而是经济体系造成穷人的不幸，但他仍然坚持阶级必须存在（黄彦宜，2007）。

睦邻运动的理念是让公立学校（精英学校）和大学的学生住进贫困地区，用他们的教育和道德模范来协助社会发展（Payne，2005）。巴涅特与牛津大学和剑桥大学有许多联结，他呼吁让那群最优越的精英到东伦敦区和穷人生活在一起，以提供给穷人多样的生活，并透过共同生活的体验，有机会教育未来的领导者和意见领袖（黄彦宜，2007）。这种运动概念的理论基础，一方面来自 19 世纪初查默斯治理格拉斯哥教区的地方原理（principles of locality），承认地方团体与地方关系对于社会改造的重要性；另一方面来自 19 世纪 60 年代丹尼生（Edward Denison）在青年聚集之区改善不良住所的经验（言心哲，2012）。丹尼生是一位基督教社会主义者，受到理想主义哲学影响，深深体会到劳工阶级的贫穷问题的严重性，1867 年，他加入"伦敦济贫会社"（London society for the relief of distress），放弃自己舒适的生活，以慈善工作员身份进入东伦敦的贫民区，教导贫民读《圣经》、历史与经济（林万亿，1994）。丹尼生发现慈善性施与无法解决贫穷问题，他注意到教育不足导致贫民失去生活的主体性，因此透过知识分子的"迁入居住"可以创造良好的教育环境；巴涅特牧师将这种与贫民共同生活学习的经验加以继承推广（庄秀美，2004）。

具体来说，汤恩比馆早期的活动主要是通过教育活动促进个人发展，活动包括儿童王国、海滨假日、艺术展、戏剧社和青年俱乐部等（Payne，2005），他们组织俱乐部、识字班、演讲会、音乐会，以及扩展文化教育娱乐等方面的活动（言心哲，2012），提供成人教育，特别是针对成年的移民与劳工开设各项课程，设立法律服务站及老人服务站，对病残儿童及酗酒者提供协助，成立成人及儿童剧团和艺廊（张英阵、郑怡世，2012）。巴涅特成立汤恩比馆主要是将睦邻运动当成一种教育的手段，希望受高等教育的年轻人参与，深入了解社会问题的本质，以此友善地对待因社会问题而受苦的人，进而积极解决社会问题（张英阵、郑怡世，2012）。汤恩比馆实践的重点是教育，运用柔性的权威教化穷人，其本质是家长主义和精英主义的，透过教育方案补偿穷人教育机会的不足，某些方面也是一种控制式教育，灌输上层阶级的价值观与生活方式，让穷人接受他们的处境，而不是去质疑它，以促进社会和谐（黄彦宜，2007）。睦邻运动的任务是以经济地位及教育程度优越者对经济地位及教育程度低落的人予以适宜的救助与良好的指导,让人民获得信心(言心哲,2012)。所以,英国的睦邻组织最原始的目标,是希望借由"个人间的友谊"(individual friendships)来打破富人与穷人之间的藩篱,而其采用的方法是让受过良好教育者"进驻"贫民区,借着与贫民共同生活所培养出来的友谊来"共同创造"更美好的生活,并实践信仰(张英阵、郑怡世,2012)。实质上而言,英国睦邻运动是一种针对新兴城市贫穷邻里的工人阶级的教育行动,旨在维持基督徒式的社会道德行为(Payne,2005)。然而,正如米奇汉姆(Meacham)(1987)所说,汤恩比馆的主要参与者是一群上层阶级的慈善家或改革者,而不是政治革命家,巴涅特的理念充满家长主义和威权主义,其目标在于教化穷人,强调国家对那些拒绝自我负责的人有一个行为标准的底线(黄彦宜,2007)。然而,他们对阶级矛盾和社会结构问题视而不见。

社区睦邻运动在英国创立之后,不久便影响到美国,到英国参观汤恩比馆的美国人即成为美国睦邻运动的发动者(言心哲,2012)。科伊特(Stanton Coit)和斯托弗(Charles Stover)1887年创立纽约市保邻所(the neighborhood guild),他们希望这个美国的第一个睦邻中心,让受过教育的人与贫穷的新移民一起生活,给他们带去一种睦邻友好的感觉,从而培养好公民(Stern & Axinn,2018)。1889年,简·亚当斯(Jane Addams)在芝加哥建立了赫尔馆(hull house),这些睦邻中心大多位于大城市,强调社区服务和社区发展(Stern & Axinn,2018;言心哲,2012)。美国的睦邻运动正如在英国模式中发生的那样,强调睦邻工作人员搬进最贫穷的城市社区,为贫民提供社区服务(Stern & Axinn,2018)。然而,正如言心哲(2012)所言,睦邻运动移植美国之后内容和形式发生很多改变,从单一教育机关式的范畴转变成广泛的社会改良运动。以简·亚当斯领导的睦邻工作为例,她在《在赫尔馆二十年》

（*Twenty Years at Hull House*）一书中提到，她推动睦邻运动的三个理由：一是以社会性观点诠释民主；二是在生活中有一股内在力量推动，促使我们追求族群进步；三是从基督教社会主义走向人文主义（Addams，1910）。所以赫尔馆的众多服务工作是在这三大动机牵引下展开，这些工作发挥教育休闲、社会改革和直接服务三项功能（Brieland，1990；张英阵、郑怡世，2012）；具体而言，教育与休闲包括社区教育、艺术活动、社团俱乐部；社会改革包括推动劳工运动和影响政策决策；直接服务包括儿童服务、青少年服务、移民服务、慈善工作等（张英阵、郑怡世，2012）。美国睦邻运动的具体工作包括：教移民英文和公民知识，从成人教育方面鼓励保存民族艺术，开办各种俱乐部社会团体，举办教育文化及娱乐节目；俱乐部的功能不限于娱乐活动，也是讨论社会、政治与经济问题的中心；从事睦邻运动的工作人员对于邻里社区各项福利事业如卫生、教育、娱乐、住宅及劳资关系都加以注意；他们大多反对童工、血汗制度、污秽的厂房、低廉的工资、妇女的过度工作，以及其他市政上和工业上的缺陷（言心哲，2012）。

显然，从美国睦邻运动的内容与方式上看，一方面它与慈善组织会社传统有所不同，另一方面它与英国式的睦邻运动也有差异。睦邻运动主要是对组织化慈善工作哲学的回应，与后者指责受害者的观点形成鲜明对比，睦邻运动认为贫困源于不利的社会条件，个人对此无法控制（Abramovitz，1998）。睦邻运动工作者更有可能看见社会条件是贫困和依赖产生的重要原因，睦邻中心的案主大多是移民，他们的问题很明显与从农村到城市、从熟悉文化到未知文化的转移有关；无论他们存在什么文化或语言的问题，都不太可能被工作员视为病态；若这些家庭无力维系，社会条件应承担部分责任，而不能完全归咎于个体（Stern & Axinn，2018）。赫尔馆的实践与传统睦邻组织的区别要素在于，强调扎根社区（settling）、美学艺术、私交关系、非道德测验和环境，特别是非道德测验与慈善组织会社以友善访问来判定对象是否值得救助的传统截然不同（Brieland，1990）。英国巴涅特所领导的汤恩比馆受到英国观念论及基督教社会主义的影响，强调以基督信仰的灵性所引导的伦理关系来对抗工业革命后物化的社会，他们选择互惠的理念以"与穷人同住"的策略来回应这样的伦理关系。在美国简·亚当斯所领导的赫尔馆受到实用主义、进步精神的深远影响。一方面简·亚当斯承继汤恩比馆透过与穷人共住来共同解决问题这一策略，另一方面她还强调透过"集体行动"来进行社会改革并以"同情的理解"来作为其伦理行动的指引（张英阵、郑怡世，2012）。最终，以简·亚当斯为代表，美国的睦邻运动开始朝向一种更加宏观的结构改变视野，主张社会工作的专业使命和承诺是推动社会变革。

总而言之，慈善组织会社与睦邻运动是现代专业社会工作产生的两大源头（Payne，2005；Stern & Axinn，2018）。这两大运动之间存在许多共同特点：它们都是由上层和中产阶级白人所主导，都对城市不断扩展和工人阶级的分歧感到不安；这两个运动的成员都相信，如果这些人接纳了施救者的家庭规范和价值观，他们的状况将会得到改善；他们都对公共福利持怀疑态度，认为志愿行动才是解决城市居民问题的关键（Stern & Axinn，2018）。慈善组织会社与社区睦邻运动都出自英国模式，试图强调贫困、犯罪、精神及身体残障会导致依赖，尽管两者代表着社会工作专业产生不同传统，分属两种不同的范式，但美国的发展经验表明其专业实践都是从道德定性向理性调查转变，对科学实用展现出极大热情（Franklin，1986）。到后来，慈善组织会社与睦邻运动之间的差异不再那么尖锐，例如，慈善组织会社的领导人里士满的《社会诊断》概述了个案工作的基础，其工作越来越多建立在观察和实践基础上，而不是完全在道德判断上；与此同时，睦邻运动的工作者很快发现单靠良好的意愿和同情并不足够，若要保持信誉，也需要为社区居民提供实际帮助；更重要的是，两者都开始发现个别化的优点，要依据案主的特定需求进行服务（Stern & Axinn，2018）。这说明，社会工作专业产生的环境已经就位。

三、英美社会工作产生的政治经济脉络

慈善组织会社与睦邻运动都是最早出现在 19 世纪的英国，作为专业社会工作产生的两大源头，这两大运动的兴起离不开当时所处的政治经济脉络。18 世纪 60 年代至 19 世纪 70 年代，发生了世界上第一次工业革命，英国是第一个进行工业革命的国家，随后法、美、德、俄等国掀起了工业革命浪潮（庄解忧，1985）。蒸汽和机器引起了工业生产的革命，现代大工业代替了工场手工业，工业中的百万富翁、一支支产业大军的首领、现代资产者，代替了工业的中间等级，资产阶级产生；资产阶级创立巨大的城市，使城市人口比农村人口增幅更大；随着资本的发展，无产阶级即现代工人阶级也在同一程度上得到发展，反对资产阶级的斗争同时开始（马克思、恩格斯，2014）。工业革命对经济社会产生了深刻影响，包括带来生产力的发展、确立资本主义生产关系的统治地位、带来阶级结构的深刻变化、促进了城市的勃兴和发展（庄解忧，1985）。特别是工业革命带来阶级结构的变化，使"阶段对立简单化了。整个社会日益分裂为两大敌对的阵营，分裂为两大相互直接对立的阶级：资产阶级和无产阶级"（马克思、恩格斯，2014）。工业革命是社会巨大的进步，有其积极影响，但也带来一系列问题，包括：工业迅猛发展，经济结构不尽合理；城市化加快，一些公共设施、环境卫生、住房条件等赶不上需要；厂房设备简陋、劳保条件差；工人劳动时间长、待遇低、生存艰难；社会道德与治安方面存在许多问题（庄解忧，1985）。工业革命时期，英国发生的社会病态甚多，贫穷、犯罪、疾病成为社会普遍现象（言心哲，2012）。具体而言，工业革命后，英国的

城市扩张，城镇人口猛增，大量农民从乡村迁移到城市打工；众多人口拥入城市争夺工作机会，竞争激烈，工资水平很低；还造成住宅严重缺乏、居住环境拥挤、租金昂贵，卫生条件恶劣，还出现童工、流浪儿童、儿童犯罪等问题（Daniels，2003）。简言之，伴随着工业革命而来的工业化和城市化造成了大量亟待解决的社会问题。

另外，在这个时期，城市成长和经济扩张造就了一批拥有财富的、在阶级地位上低于贵族但高于工人阶层的中产阶级；他们积极为城市化和工业化发声，他们信奉的信念是竞争、节俭、谨慎、自力更生和个人成就，即个人通过努力工作能白手起家获得社会和经济上的成功，他们乐于向穷人和工人宣扬这种价值观念（Loftus，2011）。工业化所造成的劳动剥削以及都市化所造成的贫民窟恶化等问题使得那些受高等教育的中产阶级基督徒产生危机意识，他们担心在工业革命之后产生的阶级分裂以及劳力分工后的工人与产品产生疏离，这些严重的后果恐怕会引发一波新的社会革命（张英阵、郑怡世，2012）。如何稳定工业、穷人、"血汗工厂"、拥挤与卫生条件不良的阶级，成为中产阶级关心的主题（林万亿、郑君如，2014）。这些中上阶层的有志之士发起了慈善组织会社与睦邻运动，用更加科学有效的方法改善传统的慈善救济工作，专业社会工作因此诞生。民政部考察英国社会工作产生经验时提道，"伴随着工业革命进程，农民破产、工人失业，贫穷、流浪、盗窃、卖淫、赌博等社会问题日益增多，传统的慈善事业不能适应新的社会需求，开始向社会工作转变"（民政部社会工作司，2010）。但在19世纪，由于受到边沁（Jeremy Bentham）、亚当·斯密（Adam Smith）、马尔萨斯（Thomas Robert Malthus）等人的古典自由主义经济思想影响，社会主流的观点认为贫穷是个人的问题，认为对穷人的救济需要区分值得与不值得（Ashton & Young，1998）。具体来说，公共救济制度与自由放任（laissez-faire）的资本主义不合，特别是占据主流的经济学思想是亚当·斯密的《国富论》（Wealth of State），认为国家不应介入私人经济，边沁等人也主张减少公共救助，马尔萨斯从人口视角反对公共救济，认为这会导致人口增加，食物价格上扬，最终对劳工阶级有害（庄秀美，2004）。慈善组织会社的创立者们深受基督教社会主义影响，兼具基督徒的怜悯和福音派的使命（Pierson，2022）。两大运动的领导者多是出身中上阶层的精英，其思维代表着维多利亚时期的慈善家长主义，即"中产阶级"的慈善家知道什么对"穷人"最好，他们有道德、能力和"脑袋"，最好的干预方式是教化穷人（黄彦宜，2007）。从根本上说，民间慈善事业的领导者们遵循了当时主流的意识形态，反对国家干预社会，从人道与道德层面对公共救济提出批评，他们认为贫穷是个人的偏差和失德，个人应该对自身的贫穷负责，接受公共救济会造成福利依赖，侵害贫民自助的意愿，变得无道德（林万亿，1994）。

慈善组织会社与睦邻运动诞生在英国，但美国引入之后对专业社会工作发展产生了深远影响。专业社会工作在美国起步的政治经济脉络与英国类似。19世纪最后30年，美国内战终结后推动了欧洲移民潮，人口翻了一番，国民生产总值从约67亿美元上升到168亿美元，国民收入增加大幅改善了大多数美国人的生活，但非洲裔、拉丁裔和印第安人被排除在这种增长的好处之外；人口增长，工业化与城市化带来危机，反复出现的经济萧条，使得美国城市不得不面临大规模的失业问题（Stern & Axinn，2018）。19世纪80年代中期，美国从农业经济向工业经济转型，由此带来巨大的经济和社会变迁；工业发展需要大量的劳动力供给，工业界主要从欧洲移民中招募工人，恶劣的生活条件使移民容易受到疾病和贫困的影响，市场上实行的低工资和不安全的工作条件则增加了他们的脆弱性，移民贫民窟很快成为大型工业城市的共同特征，与犯罪、疾病和贫困等紧密联系在一起（Franklin，1986）。简·亚当斯对此描述道："街道肮脏不堪，学校数量不足，卫生法无法实施，道路照明不好，路面糟糕，胡同小巷拥挤不堪，简直无法描述"（Addams，1910）。慈善组织会社与睦邻运动正是在这样的背景下引入和发展的。但 19 世纪美国社会工作专业兴起受到三种社会意识形态影响，即加尔文主义、自由主义与实用主义（Franklin，1986）。例如，马克斯·韦伯（Max Web）在其经典著作《新教伦理与资本主义精神》中指出美国新教徒的宗教信仰推动了资本主义经济的繁盛，教徒们通过勤俭、苦行式的劳动获得物质财富和事业成功能实现一定程度的自我救赎，世俗事业的成功给个人的生活带来秩序和理性，进而证明自己是上帝的选民（Weber，1930）。加尔文主义及相关的新教教条则是构成韦伯所言的新教伦理的关键基础。那时的观念强调竞争，冲突、贫穷是社会进步不可避免的部分；达尔文的生物学与斯宾塞的哲学流行，强调生命充满激烈的竞争，只有适者才能生存下来，这增加了自由个人主义的解释力；工业冲突、贫穷和不安全是进化法则中不变的指标，进化是一种进步而不应被限制（Franklin，1986）。19 世纪的英国虽然也受到古典自由主义经济学观点的强烈影响，但英国仍然在 1834 年颁布新济贫法，院舍照顾和医疗机构的发展，尽管其服务提供是为了进行社会控制，但客观上为授薪的社会工作职业发展创造条件；1948 年济贫法终结时，这些组织转型为地方政府的社会工作机构，它们的作用塑造了英国社会工作取向（Payne，2005）。然而，美国没有公共机构提供慈善救济的历史传统，更加信奉资本主义与自由主义信条。这两者的共同信念是：政府不应该干预市场力量；如果期望人们有个人责任和自力更生的态度，那个人将获得最好的服务；这样的信念标志着道德定性视角的出现，将个人问题归咎于个人责任的失败（Franklin，1986）。所以，强调个别化、技术精专的临床社会工作模式在美国的盛行并不是历史的意外。

　　总而言之，19 世纪末期社会工作专业出现以来，它一直试图帮助调节个体需求与市场经济要求之间的冲突，这种冲突源于市场体系中固有矛盾，使许多基本需求无法得到满足，利益驱动型的市场无法为生产家庭提供足够的保护（Abramovitz，1998）。总体而言，英美专业社会工作的产生是工业化、城市化和市场化强力推动的结果，是三者发展到一定阶段的产物；工业化、城市化和市场化的发展，既极大地促进了生产力的发展和经济水平的提高，也带来了深刻的社会变革，产生了一系列社会问题，如贫穷、失业、劳资冲突、流浪乞讨、社会排斥、心理失衡、人际关系淡漠等，传统以家庭为主的社会保障模式面临危机，人们承担的社会风险不断增大；为解决这些社会问题，降低社会风险，各国都逐渐建立相应的社会救济、社会福利、社会保障以及社会工作制度体系（民政部社会工作司，2010）。从根本上说，作为现代社会工作源头的慈善组织会社与社区睦邻都深受当时主流的意识形态、古典政治经济学的自由主义思想影响。古典自由主义从经济自由出发，强调市场机制是推动经济发展的"看不见的手"，反对封建制度和重商主义的国家干预政策（林闽钢，2012）。显然，在古典自由主义之下的福利意识形态，更相信利伯维尔场的作用而反对国家干预，将贫穷与困境归结于个体道德缺陷，主张依靠民间救济、个别干预和道德教化。

四、小结

根据前述文献回顾可发现，英美社会工作诞生于民间慈善济贫运动之中。专业化是在社工先贤们追求济贫工作的规范、科学、效率及有效的目标中产生的。社会工作服务主要是针对个体进行救助或教化。专业社会工作诞生的政治脉络是政府干预角色甚少，济贫及福利产品供给主要依靠民间力量；经济脉络是工业化与城市化的负面后果，需要社会工作干预，同时经济发展产生了一批"有闲有钱"的中产阶级，积极于社会工作事业。另外，专业社会工作诞生和发展还受到当时主流意识形态——古典自由主义影响，主张个人自立自强，个人负责，反对公共救济。对照中国的情况，中国自古就有民间济贫行为，但并未走向追求科学、规范、效率的方向，社会工作专业化无从谈起。英美社会工作朝向专业化发展，深受心理学影响，中国却更多受到社会学影响。

第二节　英美专业社会工作的成长

如果没有社会福利发展，几乎可以断定不会有今日社会工作的出现（林万亿、郑君如，2014）。社会工作制度产生于剩余式社会救助，全面建立源于强制性国家干预（国家强制推行的社会保险制度、福利国家模式下社会政策体系）（葛道顺，2012）。社会工作作为一种福利性的专业助人活动，与社会福利在实践上和逻辑上的内在联系，深受社会福利制度理念、政策和组织框架等因素的影响和制约（王世博，2014）。

一、福利国家建设与国家社会工作

"二战"后福利国家的历史可以分为三个明显的阶段：第一阶段可粗略地算为 1950—1975 年间，凯恩斯式福利国家的确立；第二阶段为 1975—1980 年间，福利资本主义制度陷入危机状态；第三阶段始于 1980 年左右，当时撒切尔（Thatcher）与里根（Reagan）的选举纲领中声称要从理论上放弃凯恩斯式福利国家，而实行新保守主义方法（Mishra，2014）。必须承认的事实是，社会工作的发展与福利国家的发展是交织在一起的（Payne，2005）。

社会立法和社会服务是现代生活的一个必要特征，20 世纪，尤其是"二战"之后的阶段，能够被相当贴切地描述为"福利国家时代"（Gough，1979）。但若从起源上追溯，现代形式的福利国家起源于 19 世纪晚期的德国，它是俾斯麦的政治手腕和"国家建构"的成果；俾斯麦通过 19 世纪 80 年代推行的一系列强制意外、健康、残疾及老年保险计划，在德国引入了福利国家体系（Palmer，2012a）。福利国家的目的在于增进人类福利，是将更具文明光辉的价值加诸资本主义市场体系的具体价值之上。那何谓福利国家？一般而言，福利国家可以说是一个制衡的政策，以现代的、干预主义的福利国家（interventionist welfare state）来对抗 19 世纪时被普遍接受的自由放任观点。福利国家包含两组国家活动：（1）国家提供社会服务给特定环境或紧急事件下的个人或家庭，基本上包括社会安全、健康、社会福利、教育和职业训练，以及住宅；（2）国家对私人活动（含个人及公司群体）的节制，包括财税政策以及一整系列的社会立法，从工厂法到相对消费者保护、从建立内部规则到官方强迫儿童去接受教育等（Gough，1979）。福利国家背后的总原则是，政府既应该也必须承担起为所有公民提供过得去的最低生活水平的责任，在典型理想意义上，福利国家把政府防止和减少贫困，为所有公民维持充足的最低生活水平的作用制度化了，这意味着国家（政府）要积极地、不断地干预，以控制不平等（Mishra，2014）。根本上而言，福利国家是指运用国家的力量去修正劳动力的再生产与维持资本主义社会中的非工作人口（Gough，1979）。

1945—1970 年英美国家存在这样一个共同假设：社会已经如此发达，因此组织化地为人们提供个人福利应成为国家角色的一部分，几乎所有经济发达国家都成了福利国家，均普遍性地向公民提供福利，社会工作变成普遍性福利供给体系的一部分（Payne，2005）。民政部考察英美社会工作发展经验时注意到这点，"第二次世界大战后，特别是 20 世纪 70 年代以来，随着福利国家的建立，职业社会工作作为落实社会福利制度的重要力量又有了长足发展"（民政部社会工作司，2010）。按照艾斯平·安德森（Esping-Andersen）（1990）的说法，福利资本主义或是福利国家体制存在三种不同类型，福利供给水平不尽相同，英美两国均属于自由主义福利模式。佩恩（2005）进一步指出社会工作在西方福利国家和社会中反映出四种不同的传统，并特别提道：社会工作作为国家福利供给体系的一部分，在英国、美国及其他英语系国家比在欧洲大陆国家存在更大的争议。20 世纪 40 年代初，贝弗里奇担任有关社会保险与相关服务的各部门委员会主席，组织对英国现行的社会保险制度与相关服务进行调查，提出一份战后改革的详细方案，并于 1942 年发表了《社会保险与相关服务》的报告，即《贝弗里奇报告》，这为战后英国社会保障制度的改革与发展绘制了一幅蓝图，也成为影响整个西方社会保障制度发展的重要历史性文件（丁建定，2019；林闽钢，2012）。《贝弗里奇报告》从理论上提出了福利国家思想，在实践上英国参照其思想基础建成人类历史上第一个福利国家，该报告被誉为福利国家的奠基石（林闽钢，2012）。此外，在这个时期马歇尔（Marshal）提出了公民资格理论，他将公民资格看作由公民要素（civil elements）、政治要素（political elements）和社会要素（social elements）所组成的复合范畴；社会要素是指从某种程度的经济福利与安全到充分享有社会遗产并依据社会通行标准享受文明生活等一系列权利；与这一要素紧密相连的机构是教育体制和社会公共服务体系（郭忠华、刘训练，2008）。马歇尔的社会权利（social rights）概念为贝弗里奇报告及福利国家社会政策的实施提供了最流行的解释，因为社会权利是公民资格的一部分，这为制度化、普遍性的福利发展找到了理论依据，福利国家被认为是社会权利的制度化安排（林闽钢，2012）。"二战"后，英国在曾经的社会工作讲师及作家——艾德里（Attlee）领导的工党政府（1945—1951）时期逐步形成福利国家，社会工作从一个无足轻重的角色变成一个确定的职位（Payne，2005）。艾德里政府接受贝弗里奇的理念，部分采纳其原则，再加上马歇尔所倡导的公民社会权利理念，由此便形成由国家广泛供给社会服务的福利国家体制（Alcock，1996；Payne，2005）。

　　福利国家建设让国家的社会支出大量扩张，英国社会服务成本占据GNP 的比例大幅上升，从第一次世界大战前的 4% 左右到 1975 年的29%；这直接导致公共部门就业扩张，在 1974 年时有超过 200 万人受雇于教育、健康与地方政府的社会服务部门（Gough，1979）。从摇篮到墓地供给教育、医疗、住房及社会保险似乎意味着个性的帮助没那么必要，然而正是这些变化导致社会工作服务的发展，因为将个案工作方法与个别帮扶价值作为普遍性福利国家的一部分，有助于提升福利水平（Payne，2005）。这契合了马歇尔公民社会权的要求，在社会公民权理念下，人们关注的是个体作为消费者，而非行动者，只需被动享受福利服务即可，但在社会服务输送中，国家供给必须嵌入专家知识和专业主义（Harris，1999）。战后福利国家基于对专业主义的信赖和公民被动性的假设，通过发展专业知识优先的科层—专业主义体制，社会工作被纳入国家福利供给体系而成为国家社会工作（Harris，1999）。具体来说，科层—专业主义体制结合了两个关键方面，即科层制度的理性管理与控制服务内容的专业知识，因为将福利供给置于专业判断之下才能确保福利国家的中性（Clarke & Newman，1997）。总而言之，英国战后以"科层—专业主义"来建构高度集中化的福利国家体制，牵引国家社会工作朝向集中化的方向发展，让社会工作在福利国家体制中成为国家所倚重、用以输送福利服务的专门职业技术（郑怡世，2010）。所以，这一时期，英国社会工作专业焦点从志愿部门转向了公共服务，社会工作变成了国家社会工作（Payne，2005）。总之，在战后福利国家体制下，英国专业社会工作得到大规模发展，专业社会工作服务供给从民间转向公共部门。具体而言，在 1945—1979 年期间，英国颁布或发布了关于社会工作与社会照顾的法令或报告，推动社会工作的发展。例如，1948年开始实施的《国民健康服务法》（*National Health Service Act*），国家健康服务将医务社会工作与精神医疗社会工作纳入国家体系（Walton，

2005）。同年，《儿童法》（the Children Act）实施，要求基层政府建立儿童部门，训练为儿童服务的公务人员（Payne，2005），开创了专门的社会工作部门，使儿童社会工作成为社会工作主要领域（侯建州、黄源协，2012）。在前述两条法案影响下，由国家资助、有资格要求的社会工作开始进入基层政府（Walton，2005）。另外，1968年工党政府发表《西蒙报告》（Seebohm Report），建议基层政府建立统一的社会服务部门，要求其部门负责人具有社会服务资格；1968年颁布《社会工作法案（苏格兰）》，地方政府建立了社会工作部门，其职责是促进社会福利；1971年英格兰与威尔士也都建立社会服务部门，同时还建立社会工作教育和中央委员会（CCETSW），确立社会工作者从业资格（Payne，2005；Walton，2005）。值得一提的是，虽然1945年以后，国家要素主导了经典的福利国家，但英国民间的、志愿的、非正式的福利从未消失过，非国家（no-state）的福利供给一直扮演重要角色（Powell，2008）。

由于其剩余式福利体制，美国有时被当作经典的自由主义国家。（Payne，2005）与欧洲国家相比，美国被描绘成福利国家的典型落伍者，它的现代社会立法比其他地方来得晚，而且保留对有关经济状况调查和适度社会津贴的"自由主义"原则的依附（Myles，1996）。在艾斯平·安德森（1990）对福利资本主义理想类型的划分中，英国与美国同属自由主义福利模式。但事实上两者的福利国家制度存在不少差异，因为美国没有由国家供给社会服务的历史传统（Franklin，1986；Payne，2005）。在20世纪美国更相信市场的有效性，指望市场成为福利源泉，从20世纪40年代到70年代的长期战后繁荣，市场是美国工人的福利和保障的主要源泉（Myles，1996）。美国模式中的一个基本假定是，市场应当对基本的公共安全网进行补充，在战后年代这主要是指各种协议职业机会（Esping-Andersen，1996）。"二战"之后，美国社会工作发展主要聚焦在方法层面，拓展了心理治疗模式的个案工作在精英领导的志愿组织中的应用，到 20 世纪六七十年代这种方法成了广泛接受的社会工作实践模式；所以，美国并未发展成欧洲式、国家组织化提供服务的福利国家，更像是一个福利社会（welfare society）（Payne，2005）。尽管如此，美国福利制度与专业社会工作发展仍然是交织在一起的。一方面，美国社会工作界对美国福利政策制定乃至福利国家建设发挥重要影响作用；另一方面，公共福利政策的确立和修订影响了美国社会工作的发展样态（Payne，2005；Stern & Axinn，2018）。

从历史过程上看，在美国的福利国家史中有两个标志性的事件：一是 20 世纪 30 年代的罗斯福"新政"（New Deal）；二是 20 世纪 60 年代民主党政府的"伟大社会"（Great Society）计划。"新政"以前，美国只是出现了一些社会保障制度萌芽，"新政"之后，美国建立了社会保障制度的基本框架，而"伟大社会"计划的实施则标志着福利国家制度的全面建成（顾俊礼、田德文，2002）。1929 年的经济危机引发了大萧条（Great Depression），政治领导人纷纷寻求解决之道，但在胡佛政府（1929—1933）和罗斯福政府的最开始，他们的解决思路仍然是回到过去正统经济学观点，即坚持自由放任主义，事实证明这与大萧条时期经济混乱状况不相适应（Stern & Axinn，2018）。具体来说，在失业和社会保障方面的国家供给仍然坚持剩余式和选择性（Payne，2005）。"新政"措施是逐步调整的，其本质是通过国家干预经济来挽救资本主义制度（顾俊礼、田德文，2002）。在罗斯福第一个任期内，社会福利措施逐步在"新政"经济政策中占据更加核心的地位，政府官员慢慢意识到，提高普通人的购买力比让企业获得利润更能刺激经济增长（Stern & Axinn，2018）。从社会层面上看，"新政"时期的一系列法令超越了原来职工福利的范围，让美国建立了"福利"和"国家"之间的联系，包括：政府直接出面通过公共工程建设解决失业问题；建立严格的劳工立法，从工时工资方面确保工人的职业安全；颁布《社会保障法》（*Social Security Act*），建立社会保障制度；系统建立社会救助制度，涉及老年援助、失业救济、儿童补助、盲人援助等（顾俊礼、田德文，2002）。罗斯福总统的各项措施强化了美国民众需要一个"全国性"的计划的观念，也改变了救济事业应由地方办理的传统观念，改由中央政府负起社会救济与福利事业的社会行政职责（庄秀美，2004）。1935 年通过的《社会保障法》尤其值得一提，它标志着美国福利国家的诞生，并为其发展确定了方向（Stern & Axinn，2018），它也是美国殖民地时代以来济贫制度史中具有重大意义的制度安排，所得保障制度从此焕然一新（庄秀美，2004）。但社会安全制度是经济大萧条的产物，主要关心失业问题及老人扶养问题，未曾考虑健康保险，而且适用范围很小致使社会保障的效果大减（庄秀美，2004）。可以说，罗斯福新政仍然是以保守主义为基础的，但不可否认联邦政府已经成为社会福利的主要推动者（Stern & Axinn，2018）。这个时期，对社会工作而言，一方面，社会工作界积极推动和参与社会福利政策制度建设，认为社会立法是实现社会变革的途径。"新政"政策出台早期，许多社会工作者都是积极的社会改革者和社区组织者（Stern & Axinn，2018）。例如，著名的社会工作者霍普金斯（Harry Lloyd Hopkins）和珀金斯（France Perkins）（首位女性内阁成员）对政策和实践产生了重要影响（Payne，2005）。社工先贤艾迪斯·阿伯特（Edith Abbott）与格丽斯·阿伯特（Grace Abbott）姐妹在罗斯福新政期间对《社会保障法》起草做出了重大贡献，格丽斯担任罗斯福总统的经济安全委员会委员，艾迪斯则担任新政舵手霍普金斯的特别顾问（林万亿、郑君如，2014）。很多社会工作者深度涉入这些倡导性活动，特别是在乡村地区，他们使这一时期的社会工作变得激进（Payne，2005）。另一方面，福利制度的确立又对美国社会工作发展产生影响。例如，德（Day，2000）认为《社会保障法》从资助民间机构转向公共机构，而大部分社会工作者都在民间机构工作，这导致了社会工作与公共福利之间的分裂（Payne，2005）。

到 20 世纪 60 年代，社会工作专业对福利政策的影响达到高潮，社会工作利用其影响力推动了社会服务的扩张和福利行政的专业化（Stern & Axinn，2018）。例如，1961 年 5 月，肯尼迪政府建立公共福利特设委员会（Ad Hoc Committee on Public Welfare）来研究未来 10 年公共援助的问题与前景；该委员会由 25 名来自公共部门和志愿部门的社会福利领导者组成，其中大部分是社会工作者；他们强烈建议大量扩张受过专业训练的社会工作者在 ADC（Aid to Dependent Children Families）方案中的作用，要求"三分之一的从事公共福利事业的人应拥有社会工作硕士学位"，并认为合格的社会工作者能提供渊博的知识、指导良好的助人行动，有助于建立自尊，强化人们解决问题和为行为负责的能力（Stern & Axinn，2018）。肯尼迪政府接受了该委员会的主张，认为心理治疗取向的个案工作有助于家庭状况改善，其结果是社会服务被纳入社会保障服务供给中去，促进社会服务的专业化发展（Payne，2005；Stern & Axinn，2018）。另外，1962 年的《公共福利修正案》吸纳了肯尼迪政府的建议，鼓励各州提供导向自我照顾和自我支持的社会服务，鼓励的方式是改变援助拨款程序，让联邦政府承担的费用占服务支出的 75%，用以减少依赖和培训员工；这说明社会工作成功地使"健康服务"成为福利政策的核心（Stern & Axinn，2018）。1964 年，约翰逊总统提出"伟大社会"计划，主张建设一个富足、公正、自由而具效率、和谐的社会，并提出《经济机会法案》（Economic Opportunity Act），宣布"对贫困作战"（War on Poverty），协助贫民促进其经济机会（庄秀美，2004）。约翰逊的"对贫困作战"法理基础来自 1964 年通过的《机会平等法》，调动联邦资源提供服务和救助来消除贫困，并设置新的联邦政府部门来管理这项服务，组织基层社区行动项目（Payne，

2005)。另外，还通过一系列政策计划来支撑"伟大社会"计划。包括，1965 年，通过面向 65 岁以上老人的《医疗保障计划》、面向低收入阶层的《医疗补助计划》、面向中小学的《教育补贴计划》、面向高等学校的《贷款和奖学金计划》、附有给低收入家庭津贴的《扩大公共住房计划》《区域经济规划和发展方案》《区域性特殊补助计划》，以及消除过去立法中种族主义痕迹制定的《新移民法案》等。（顾俊礼、田德文，2002）在范围广泛的社会福利领域中，个性化社会服务（personal social services）成为专业社会工作发展的重点（庄秀美，2004）。

二、福利国家与国家社会工作发展的政治经济脉络

毫无疑问，福利国家的建设和扩展对专业社会工作发展产生重大影响。那福利国家发展有何脉络？政治经济是如何对其产生影响的？总体而言，20 世纪 30 年代的大萧条和大规模失业，民主的瓦解和法西斯主义的兴起，第二次世界大战的爆发以及共产主义的日益蔓延，一起构成了战后福利国家的历史背景（Mishra，2014）。

（一）政治脉络方面

从理论上而言，艾斯平·安德森（1990）认为福利国家发展主要源于三个具有互动效果的重要因素：阶级动员（特别是工人阶级）的性质，阶层政治联盟的结构以及体制制度化的历史遗产。战后的西方福利国家提出了相似的目标，但它们在具体的抱负方面和在如何达到它们的抱负方面却是不同的；福利国家遭遇危机，它们试图适应新形势时，做法也非常不同；这说明体制遗产对福利国家影响深远（Esping-Andersen，1996）。从马克思主义政治经济学视角看，阶级冲突与劳工阶级的成长（阶级冲突的程度，斗争的强度和形式），资本主义国家的结构（国家制定与执行政策以确保资本主义社会关系长期再生产的能力），是解释

福利国家起源和成长的两个重要因素（Gough，1979）。由国家公共部门承担责任向民众提供福利服务是福利国家重要的表现，若以此为线索向前追溯，英国 1601 年的《伊丽莎白济贫法》和 1834 年的《济贫法（修正案）》，事实上已经确立由公共部门救济贫困的原则（Ashton & Young，1998；Payne，2005；Pierson，2022；言心哲，2012）。所以，马歇尔（1985）将《伊丽莎白济贫法》称为"微型福利国家"，他强调的不是福利水平高低，而是国家在福利供给中的角色。导致英国国家福利供给增长的原因是多重的，既包括费边主义政策改革者带来的道德压力与学术观点，也包括资本主义经济发展产生了阶级与阶级冲突，特别是工会运动，工党逐步掌握政治权力，通过国家干预来消除资本主义的冲突成为可实现的政治目标，费边政策改革者有了实践其观点的基础（Alcock，1996）。阶层压力导致福利政策改变的观点已经广为人知。例如，俾斯麦 19 世纪 80 年代推行的社会保险方案、洛伊·乔治（Lloyd George）于 1911 年的失业保险方案、1969 年时意大利社会安全给付的改革与扩充、英国所引进的"国民健康服务"（NHS）和综合性学校体系（Comprehensive Schooling），均代表劳工阶级及其联盟团体的压力导致福利制度的发展（Gough，1979）。但英国福利国家的成长不完全是因为阶级斗争成功以及它和费边中产阶级结盟，还应看到福利改革对资本主义经济是双刃剑（Alcock，1996）。正如高夫（Gough，1979）所言，福利国家不仅挑战资本主义，也对资本主义发展有用。福利体制在促进资本主义社会发展上表现出极大的能动性，一方面，它平衡了各种利益矛盾，特别是劳资矛盾，为战后经济复兴和发展创造了稳定的政治环境；另一方面，广泛的福利政策争取到社会各派选民对政府的支持，加强了西方民主政体的合法性（郁建兴、周俊，2002）。换言之，发展福利国家本身对资本主义经济发展是有利的，是资本主义有意为之。例如，国家教育改善能为雇主提供更优质的劳动力，改善工人的住房和健康条件有助于提高其整体效率（Alcock，1996）。因此，到"二战"结束后，英国福利改革的压力既来自劳工阶级也来自资产阶级，在资本和劳工之间以及代表它们的政党之间，存在着一个共识，即都希望进行福利改革，这种共识为福利国家的快速发展创造了契机（Alcock，1996）。1945—1975 年，英国两大政党之间形成政治共识，认为福利政策的基本框架是合理的，在基本框架内各方继续对混合经济做出承诺，维持充分就业和制定最低社会保障标准（Lowe，1999）。不只是英国，战后几乎所有西方发达国家或多或少都对混合经济和福利国家形成了赞同的共识（Mishra，2014）。福利体制的形成并不是国家单方意志的结果，也并非某一政党政纲的实施，它是构成国家的各种利益和社会因素综合作用的产物；福利国家的思想在战后以极快的速度溢出了社会民主主义者的主张，逐渐成为西方各党派的共同政治要求（郁建兴、周俊，2002）。英国福利国家发展的具体的政治脉络是：（1）工党政府在取得压倒性胜利当选后，承诺通过国家干预来改革资本主义；（2）费边主义学者及其盟友在国家中占据了有影响力的位置，特别是社会保障改革报告的作者贝弗里奇以及战时政府的高级经济顾问凯恩斯；（3）作为为战争努力的一部分，英国资本主义已经历了重大的政府干预，此时需要迅速调整，以适应正在重组的世界经济与和平时期不断变化的需求（Alcock，1996）。发展福利政策的最终责任不是落在无私的专家身上，而是落在政党政治家身上，1945—1975 年，英国工党在 10 次选举中获胜 6 次，这有助于巩固公众接受大国家干预并成功地实施它（Lowe，1999）。

（二）经济脉络方面

福利国家建设和发展是发生在国际经济框架下的。1944 年的布雷顿森林协议（Bretton Woods Agreement）建立世界银行（World Bank）

和国际货币基金组织（International Monetary Fund），其影响是美国同意支持战后西欧经济重建，西欧国家都获益于经济的稳定和增长，福利国家的成功依赖于发达国家的经济增长（Payne，2005）。经济的表现对福利政策发展和福利政策最终的性质都有重大影响。一方面，良好的经济状况对福利政策发展产生积极影响。英国在 1945—1975 年期间，前所未有的、持续高水平的就业和经济增长极大地促进了福利政策的扩张，经济环境非常有利于福利支出的扩大和多样化（Lowe，1999）。具体而言，在财政上，良好的经济表现让政府的税收和收入增加；在政治上，良好的经济预期让政府有可能高水平征税（Lowe，1999）。1940—1968年，在军事和民用需求支撑下，美国社会极为繁荣，1940 年国民生产总值（GNP）攀升至 1000 亿美元，到 1970 年国民生产总值增加了两倍；家庭购买力大幅提升，经济持续增长，吸引了大量人口就业，失业率保持较低水平（Stern & Axinn，2018）。另一方面，若经济状况糟糕也可能对福利政策产生影响。20 世纪 20 年代后期到 30 年代早期肇始于美国的大萧条对英国 20 世纪 40 年代的福利国家改革产生影响，因为大萧条揭示了济贫法在满足社会保障需求方面的不平等和压迫性，为福利国家建设铺设了政治支持基础（Payne，2005）。在美国，为了应对大萧条产生的严峻后果，罗斯福新政举措搭建起了福利国家制度的基本框架，确立了由政府提供公共福利的原则（Stern & Axinn，2018；顾俊礼、田德文，2002；林万亿，1994）。总体来说，经济波动可能会阻碍福利政策的稳定发展，充分就业和经济增长则可能促进福利国家成长，因为经济表现最终决定了福利政策可用的资源水平（Lowe，1999）。

总而言之，福利政策深受广泛的经济、社会和政治发展的影响，同时福利政策本身也影响经济、社会和政治的发展（Lowe，1999）。"二战"之后，英美国家就建设福利国家在不同阶级、不同政党之间形成了政治共识，资本主义经济持续稳定增长为福利政策的扩展、福利支出的增加奠定了基础。经过近 30 年的发展，凯恩斯主义已转而成为正统的经济学说，对充分就业的承诺也成为政治生命的首要原则（顾俊礼、田德文，2002）。从根本上而言，西方自由主义和资本主义在 19 世纪达到繁荣的顶峰后，在向 20 世纪跨越的过程中，经历了经济大萧条和两次世界大战，这给自由放任的资本主义带来了沉重的打击，西方发达国家在经历凯恩斯主义的国家干预后，出现了向福利国家发展的趋势，创造了 25 年前所未有的繁荣（Pierson，1994）。这一时期，曾经作为近现代西方社会主流意识形态的古典自由主义陷入低潮（林闽钢，2012），主张国家干预的凯恩斯主义成为主流意识形态。在福利思想上，凯恩斯主义认为市场经济有可能导致社会问题加剧，政府应该对经济与社会生活实施有效干预，主张扩张性财政政策，要求采取积极的社会政策，建立有效的社会保障制度，强调充分就业对社会经济发展与社会保障制度建设的重要意义，可以说，凯恩斯主义构成了 20 世纪中期西方福利国家建设和发展的理论基础（丁建定，2019）。再加之马歇尔所提倡的社会公民权理念被广泛接受，建立福利国家，由公共部门供给福利服务成为普遍选择，专业社会工作被纳入福利国家体制而得以发展。

三、小结

根据前述文献回顾可知，英美专业社会工作发展与福利国家建设交织在一起，福利制度的扩展促成了专业社会工作进一步发展，社会工作作为一种专业技术被纳入福利国家公共服务供给体系之中，而成为国家社会工作。就政治脉络而言，"二战"之后，发展福利制度、建设福利国家、由国家为民众提供综合全面的社会服务产品成为英美发达国家的一大共识，不同政治党派均保持这种主张，并且社会公民权理念深入人心。就经济脉络而言，福利国家建设奠基在战后英美国家经济持续稳定增长上，为公共福利支出提供财税支持。另外，福利制度扩展与福利国家建设受到当时主流意识形态影响，20 世纪 30 年代经济大萧条以来，主张国家干预的凯恩斯主义在与古典自由主义的斗争中占据上风，国家干预经济社会被认为是必要，这种观念被贝弗里奇应用到福利体制设计中去。对照中国的状况，中国从未进行福利国家建设，专业社会工作不曾像英美经验那样形成国家社会工作。中国只是依托社会主义建设形成了行政性、非专业的社会工作。

第三节　英美专业社会工作的调整

一、福利国家危机与改革

到 20 世纪 70 年代，西方发达国家的"战后共识"（建立福利国家）受到严重削弱，开始进入收缩和维持的战略，共识瓦解的原因主要是"物质"的而非"思想"的，是"滞胀"的来临，通货膨胀与经济衰退无法用凯恩斯主义的方法解决（Mishra，2014）。福利国家的运行像是"公地悲剧"，福利国家应当为金融危机和债务危机负责，福利国家的本质是庞氏骗局（Palmer，2012b）。例如，美国福利国家制度所面临的最为直接的困境是费用问题，即 20 世纪 60 年代民主党社会改革之后，福利费用直线攀升，政府公共开支数额急剧扩大；1960 年，美国政府的年开支总额为 920 亿美元，到 1980 年政府预算已经达到 7040 亿美元，美国 20 世纪 50 年代的财政赤字仅为 110 亿美元，20 世纪 60 年代增加到 630 亿美元，1970 年代急剧上升为 4200 亿美元（顾俊礼、田德文，2002）。英国与海外福利国家的成长在 20 世纪 70 年代中期走到了尽头，公共支出受到削减，其中社会支出受创最深，特别是用在福利国家上的支出（Gough，1979）。

福利国家遭遇到"膨胀的科层体系"与福利骗子的强烈抨击（Gough，1979）。在福利国家时代，英国社会工作因整合进国家福利体制而获得较高的专业地位，但20世纪70年代后期以来社会工作处于被质疑和攻击之中（Payne，2005）。在科层—专业主义体制下，专业伦理与科层体制的冲突不断，社会工作变得例行化和科层化（O'Connor，2002）。福利国家危机出现，专业社会工作同时遭到来自左派与右派的攻击：激进左翼攻击社会工作是软性监管的一种形式，是通过福利国家来追求资本主义运作的利益；右派则攻击社会工作服务失灵，缺乏成效，阻碍了案主权利使其变得被动和依赖（Payne，2005）。面对危机，社会服务"削减"成为政府应对经济危机的主要纲领，但福利削减对资本主义体系的帮助不是绝对的（Gough，1979）。所以改革的方向不是福利国家的大幅削减或彻底拆除，而是福利国家的重组或重构（Gough，1979；Robinson，1986）。事实也是如此，尽管福利国家遭遇危机，但并没有引起彻底的变革，只能说是"冻结了的"福利国家景象，它们衰退的程度是适度的；这从社会支出水平上可以清楚地看出来，1980—1990年经合组织（OECD）国家公共社会保障和保健支出在其国内生产总值中的占比保持稳定并略有增长（Esping-Andersen，1996）。以英国为例，撒切尔革命期间英国用于福利国家方面的公共开支水平并没有得到根本性控制，社会支出不降反升（Mishra，2014；顾俊礼、田德文，2002）。因为撒切尔政府的社会福利改革只是做了一些微调，没有从根本上触动原有的制度框架（顾俊礼、田德文，2002）。与撒切尔政府的意图相反，公共支出从1979—1980年度占GDP的39.5%上升到1980—1981年度的42%，1981—1982年度又涨到43.5%；在第一任撒切尔政府结束时，公共支出占GDP的42.5%，比其上台时高出整整3个百分点，而且同一时期实际的社会支出上升约10%（Robinson，1986）。因为保障开支有固定的年增长率，在议会民主体制下，社会保障制度改革充其量是限制开支的增长速度，不能取消自然增长趋势，这涉及公民的切身利益，处理不当会带来政治上的麻烦（顾俊礼、田德文，2002）。但福利国家社会支出不降反升，并不能说明福利国家发展"不可逆转"。因为就收入或支出而言，福利国家是弹性或扩张的，一些领域的削减被其他领域的扩张所抵消（Powell，2008）。若从社会支出总水平上看，福利国家确实是"不可逆转"的，英美两国都是如此；福利国家设施表现出的累积和合法化功能，鉴于既得利益群体，也鉴于选举竞争和民主制度，这些设施与制度不可能被全部废除；但是不可逆转论没有考虑和公正评价20世纪70年代中期以来福利国家经历的重大变化（Mishra，2014）。福利国家的规模也许并没有减小，但它的结构和特征已经改变（Powell，2008）。福利国家重组或重构已是不可争辩的事实。高夫（1979）指出了重组福利国家的四种方法，包括：借由调整政策来确保更有效率的劳动力再生产；转变施政重点到社会控制以针对社会中不安分的团体；提高社会服务的生产力与效率；将部分的福利国家再度民营化（privatization）。在20世纪80年代，英国与美国的福利国家走上了新自由主义道路，审慎地采取了解除管制、市场驱动的战略，实行民营化是福利国家危机中最常被提倡的战略之一（Esping-Andersen，1996）。为了提高社会福利效率，福利国家再度朝民营化发展，在社会福利支出方面，从由国家直接提供服务，转换为由公共补助或购买私人生产的服务（Gough，1979）。民营化意味着更多地依赖社会民间机构和更少地依赖政府来满足人民的需求（Savas，2001）。民营化的观点主要是强调经济成本，是基于生产力的分析，认为通过竞争性投标能降低成本，减少浪费，提高效率，提供更好的服务（Barnekov & Raffel，1990）。按照民营化的目标划分存在两种类型：第一种民营化是利用市场机制的效率优势来改善产品和服务的输送，或者是削减和终止公共部门对特定产品和服务的支持；这种民营化并未消除政府对支出结果的责任，只是改变了服务输送的方式（Barnekov & Raffel，1990）。这种民营化被桑德奎斯特（Sundquist，1984）称为真正的民营化（true privatization），因为政府的责任没有被转移，转移的只是透过民间功能所表现出来的绩效，不会造成政府角色的消失，而只是减少（Barnekov & Raffel，1990）。第二种民营化是指政府撤销或减少其在特定服务领域里的角色，包括购买者、监管者、标准制定者和决策者等（Kolderie，1986）。巴特勒（Butler，1985）将这种情况称为真的民营化（real privatization），认为它打破了"公共支出联盟"（public spending coalition），相反桑德奎斯特（1984）却称之为虚假民营化（false privatization），认为这是政府假借民营化推卸责任（Barnekov & Raffel，1990）。民营化存在多种具体形式，如契约委外、特许经营、剥离服务、解除管制、将政府所有资产出售或租赁给民间等，这些都通过允许市场向消费者提供所需的产品和服务来运作（Savas，2001）。例如，英国对国民保健制度和教育制度改革，主要是引入市场机制，增加人们的选择余地，以促进医院和学校提高服务质量（顾俊礼、田德文，2002）。

二、福利国家改革下的专业社会工作

民营化是福利国家改革的常见策略，它属于政府再造（Reinvention Government）或新公共管理（New Public Management）的一部分。政府再造运动诞生于福利国家危机之后，在 20 世纪 80 年代全面铺开。再造是指对公共体制和公共组织进行根本性的转型，以大幅提高组织效能、效率、适应性以及创新能力，并通过变革组织目标、组织激励、责任机制、权力结构及组织文化等来完成这种转型过程（Osborne & Plastrik，1997）。为此，奥斯本与盖布勒（O'sborne & Gaebler，1992）提出了政府再造的十条原则，包括起催化作用的政府、社区拥有的政府、竞争型政府、有使命感的政府、结果导向型政府、顾客驱使的政府、企业化的政府、预知型政府、分权的政府和市场导向型政府。具体而言，政府部门的求生、突围之道包括内外两方面：其一，内向化，即内部理性化，建立与提升政府的能力，希望产生更有效及更有回应性的公共服务与财货；其二，外向化，即民营化或协力化，透过民营化或协力化机制（规划者、协调者、整合者及推动者）统合、激发民间资源，其中"契约外包"（contract out）是最广为采用的民营化工具（李宗勋，2002）。在政府再造的原则中，起催化作用的政府强调政府要掌舵而非划桨，竞争型政府强调将竞争机制注入服务供给中去，顾客驱使型政府强调将服务对象视为顾客，市场导向型政府强调通过市场机制而非行政机制来解决问题（Osborne & Gaebler，1992）。这说明政府再造的实质是用企业化体制来取代官僚体制，创造具有创新惯性和质量持续改进的公共组织和公共体制，创造具有内在改进动力的公共部门，不必靠外力驱使（Osborne & Plastrik，1997）。这正如萨维斯（Savas，2001）所言，定义新公共管理的特征之一是将市场原则注入政治世界。具体意味着：（1）在公共服务供给中追求效率、有效和平等；（2）利用经济市场模式来处理政治和行政的关系，包括公共选择、协商契约、交易成本和委托代理人理论；（3）应用竞争、绩效为本的契约、服务供给、客户满意度、市场激励和放松管制等概念（Kaboolian，1998）。在此背景下，公共管理人员正在引入管理竞争，与民间部门签订竞争性合同，以更有效率和效能地供给服务；引入代金券系统来扩大案主选择权，建立公私伙伴关系（Public-Private Partnership），以满足公共需求；解除管制，让市场力量来实现公共利益，打破政府对服务供给的垄断等（Savas，2001）。在许多政策领域越来越强调管理的重要性，服务供给转向依靠市场部门和低水平的志愿部门（Powell，2008）。这种发展趋势对政府部门、公共管理者及决策者提出更多考验，他们需要更多的民众支持和参与，需要正确决定什么服务应当保留或应当民营化，需要发展出管理契约关系和公私伙伴关系的能力等（Savas，2001）。

福利国家遭遇危机，伴随着福利国家改革，新公共管理或再造政府运动兴起，这对专业社会工作产生重大影响。新公共管理强调掌舵与划桨分离的原则，体现在福利服务供给中，即购买者与提供者彻底分开，让服务对象能够自由地在公共服务的垄断者之外寻求更多服务提供商并做出选择，掌舵组织与划桨组织之间建立契约关系（Osborne & Plastrik，1997）。这样一来，在社会服务领域，强调竞争性、独立性、高效率、回应性、公平性和选择权的准市场（quasi-market）理论兴起（Bartlett & Grand，1993；Kähkönen，2004；Le Grand，1991）。准市场改革倡导者最强烈的主张之一，是提供相互竞争的服务，可打破公共部门的垄断供给，赋权"消费者"，让其获得更多的选择（Bartlett & Grand，1993）。国家社会工作朝向民营化转型，一方面让民营部门成为社会照顾领域的关键部门，另一方面改变了国家社会工作实践的文化和社会工作专业公认的信念和理想（Carey，2006）。另外，政府不再作为服务直接提供者，而变成了服务专员，在社会服务供给中更注重有效性和财务管理，更强调管理的重要性而非专业性工作（Payne，2005）。准市场体系基于契约管理、评估、照顾计划及其他科层规则和程序创造了一个复杂的行政体系，大部分任务都由照顾/个案管理者来处理，实践者开始怀疑社会工作的从业动机（Postle，2001、2002）。国家社会工作的民营化还引发了其他问题，导致社会照顾领域的低工资与劳动力短缺，专业人士转行，服务提供更多依赖临时性工作人员（Carey，2006）。社会工作实践被日益增长的管理主义思维所控制，专业自主性水平被削弱，权力从社会工作实践者转移到管理精英手中；管理成为社会工作领域的主导声音，管理主义在社会服务部门中创造出一种新的意识霸权（Lymbery，2001）。通过科层—专业主义组织起来的专业职位被代表消费者的一般管理者取代，管理者控制实现组织目标的专业决定，专业自由裁量权受到限制（Payne，2005）。社会工作服务变得标准化、程序化（Harris，1998），实践的专业属性减少，服务供给碎片化、常规化（Dominelli & Hoogvelt，1996），社工失去对工作过程的控制权，丧失行使创造力、反身性及自由裁量权的机会（Clarke & Newman，1997；Healy & Meagher，2004），社会工作专业岗位为半专业、非专业人士替代和占据（Healy & Meagher，2004；Schram & Silverman，2012），这引发了社会工作去专业化的发展和再专业化的讨论（Healy & Meagher，2004）。新自由主义社会政策的实施意味着专业社会工作的终结（Schram & Silverman，2012），新管理主义兴起让社会服务从科层控制转向契约控制（Hoggett，1991），管理替代专业的后果让越来越多专业社会工作者退出公共福利部门，转向民间机构以求能真正从事专业实践（Gibelman & Schervish，1996）。显然，这些对专业社会工作的实践过程、专业角色与知识构成等都产生了影响。

三、福利国家改革与专业社会工作调整的政治经济脉络

1973 年欧佩克（石油输出国组织）价格震荡和 20 世纪 70 年代中期经济"滞胀"开始后，西方政府普遍发现越来越难以维系对福利国家的承诺，充分就业的目标首先被许多政府放弃，限制社会支出变得很常见（Mishra，2014）。石油危机结束了英美福利国家的"黄金时代"，各国政府先后开始调整角色，从社会经济生活中逐步淡出，社会保障制度开始向"基本安全网"方向转化，不再承诺公民生活水平的提高，只负责解决少数人的特殊困难（顾俊礼、田德文，2002）。由此，福利国家纷纷掀起改革运动，福利国家的改革是奠基在特定的政治经济脉络之下的。

（一）政治脉络方面

1979 年 8 月，以撒切尔夫人为首的保守党在信任投票中击败工党，

由此连续 4 次赢得议会选举，对英国进行了长达 16 年的新自由主义改革；撒切尔革命的实质是使英国政府在指导思想上摆脱凯恩斯主义的影响，全面否定了战后英国的"社会主义"实践，使福利国家制度发生了重大转型（顾俊礼、田德文，2002）。在美国，20 世纪 60 年代后期以来，右翼社会科学家和哲学家就开始贬低"伟大社会"改革，培育对社会工程的幻灭感；新保守主义哲学家开始提出最小国家的思想，以反对罗尔斯（John Rawls）关于社会正义的自由主义，因为这种思想暗示政府应在经济和社会事务中发挥更大作用（Mishra，2014）。1980 年里根上台之后，在新自由主义政治哲学指导下，对美国福利国家制度进行大幅改革；在社会福利方面，里根政府强调贫困者应主要通过家庭、志愿组织和私营社会福利机构实现自助，减少对公共福利的依赖性，并推出多种社会福利改革试验项目，试图实现以工作替代福利的目标（顾俊礼、田德文，2002）。撒切尔夫人出任英国首相，里根出任美国总统，新自由主义成为英美政府的施政理念，在国内外得到大力推行（林闽钢，2012）。里根的继任者布什同样出自共和党，他们对美国福利国家制度进行大幅调整和改革，结束了它为期 20 年的黄金时代；他们的改革是以市场化为机制调整的基本方向，尽量削减开支，实现福利向工作的转化（顾俊礼、田德文，2002）。但福利国家并未彻底被放弃，因为长期确定的政策变得制度化了，而且培养出永存的既得利益，社会保障体制为强大的利益集团所支持不容易彻底改革，实施改革只能趋向于通过协议商定达成妥协（Esping-Andersen，1996）。尽管新保守主义大肆宣扬民营化和收缩社会福利，但在普遍性社会公共福利的框架上，特别是在教育、健康和收入保障等社会服务上很少触动；因为他们在原则上反对普遍性而主张选择性，但大众对这些普遍性公益具有广泛而持续的支持，它为绝大多数人所享受，选民对它们的支持是全国性的（Mishra，2014）。

（二）经济脉络方面

福利国家危机明显与世界资本主义经济的空前危机有关；从 1973 年年底至 1975 年，它经历了与自战前依赖不同的不景气，"经济合作暨开发组织"诸国的 GNP 总和下跌了 5%，工业产出直线滑落，而世界贸易也衰退了 14%，"经济合作暨开发组织"各国合计失业人数攀升到约 1500 万人；通货膨胀开始加速，先进资本主义世界经历了集体贸易赤字的上升（Gough，1979）。石油危机后，英国国内经济社会形势日益严峻；在经济方面，20 世纪 70 年代英国的增长速度和人均国内生产总值都已经降到西方国家的最低水平；国内财政状况恶化，1971—1979 年，政府财政赤字总额达到支出总额的 10.3%，达到同期国民生产总值的 5%；通货膨胀最高时曾达到 25%，国债规模也急剧扩大（顾俊礼、田德文，2002）。英国的经济不景气来得较迟，但其持续时间则较长。1977 年时，英国的 GDP 仍低于 1973/1974 年的水平，工业生产略高于 1970 年的水平，工业投资更降低至只有 1974 年水平的 80%。1975 年时的年通货膨胀率高达 26%，到了 1977 年仍盘旋在 16% 左右，此时失业人数持续上升，1977 年 8 月时已达空前的 160 万人。个人可支配所得停滞了约 4 年，而且在 1977 年时，平均每个工资工作者的可支配所得并没有比 1970 年时高（Gough，1979）。从 20 世纪 70 年代末期开始，在石油危机的打击下，美国和西欧一样出现了增长缓慢、失业增加与通货膨胀并存的"滞胀"局面（顾俊礼、田德文，2002）。所有经济思想学派，都将"过度的"政府支出关联到经济危机的某些方面，以货币主义论者（monetarists）声浪最大；认为巨额政府支出扩大了货币供给与导致通货膨胀，唯一的解决之道是大幅度削减公共支出；这个论点受到保守党的赞同（Gough，1979）。因为当时主流的、主张国家干预的凯恩斯主义经济学理论无法解决西方长期陷入"滞胀"的难题，这为新自由主义兴起提供了契机（林闽钢，2012）。

总体来说，福利国家改革出现是因为：凯恩斯主义正统观念遭到削弱，新右派、新保守主义观点占据上风，它们从原则上拒斥福利国家，认为福利国家的目标和方法与资本主义社会的经济进步不兼容，有必要从社会福利边界后撤，以使市场经济和自由社会得以幸存下去；新保守主义对福利资本主义的问题和困难作出回应，他们大肆宣扬收缩社会福利的思想，依靠私人部门和市场力量来实现经济增长及提供各种人类服务，其目标是大幅减少福利资本主义中的福利因素（Mishra，2014）。事实上，福利国家思想自诞生开始便遭遇自由主义者在理论上的批判。哈耶克最早开始批判福利国家，认为国家干预的政策必定会导致国家权力无限扩展，会损害公民自由和人权，看似美好的计划蓝图最终是让人们"通往奴役之路"（哈耶克，1997）。诺齐克认为现行分配正义讨论缺乏"历史原则"，国家的再分配政策会侵害公民的平等权利，主张一种"最低限度的国家"（诺齐克，2008）。另外，弗里德曼反对政府对经济生活的过度干预，认为这种干预缺乏效率，没有取得预期效果，政府的干预应该被限制在最低水平，而且主张通过市场竞争来实现，政府只是扮演竞争的裁判角色（弗里德曼，2004）。从根本上说，传统福利国家被拒斥，需要做出改革和调整，是因为整个社会的主流意识形态发生转变，主张国家干预的凯恩斯主义被新自由主义所替代。新自由主义学派有三个共同主张：推崇个人自由主义，反对国家干预；推崇竞争市场经济，反对国家引导或计划经济体制；主张私有化，推进全球自由化（林闽钢，2012）。在社会福利思想上，新自由主义与凯恩斯主义是对立的派别，它继承了古典自由主义的基本原则，反对国家对经济和社会生活实施干预，强调依靠和发挥市场的调节作用，反对福利国家与集体福利，提倡社会福利市场化与民营化，这是福利国家改革的理论基础（丁建定，2019）。

四、小结

20 世纪 70 年代中期以来，福利国家发展遭遇危机，福利国家广受批判，作为国家福利体制一部分的专业社会工作同样受到攻击和批判。福利国家掀起改革浪潮，新公共管理兴起，削减福利支出，民营化、市场化、契约委外、准市场等成为常见策略。专业社会工作由此受到影响，具体包括社会工作服务供给模式发生转变，专业社会工作开始遭遇管理主义冲击。就政治脉络而言，英美国家主张新保守主义、新自由主义的政党纷纷执政，对福利制度进行大幅改革。就经济脉络而言，20 世纪 70 年代中期的石油危机引发英美国家的经济 "滞胀"，公共福利支出难以维系。另外，这种发展趋势还受到当时的主流意识形态影响，主张国家干预的凯恩斯主义无力解决英美国家出现的经济 "滞胀" 问题，主张最小国家干预、充分发挥市场作用的新保守主义、新自由主义思潮成为显学。对照中国的状况，中国虽未经历福利国家建设和改革的阶段，但同一时期开始，中国开始实施改革开放，开始引入和接纳新自由主义思潮，这成为 20 世纪 80 年代专业社会工作重新被肯定的脉络。

第四节　英美国家—社会关系模式变迁与专业社会工作发展

政治经济脉络及社会意识形态影响社会福利供给模式，进而影响专业社会工作发展。在主流意识形态之下会产生不同模式的国家—社会关系，国家—社会关系状况会影响专业社会工作发展方式。本节将重点回顾英美国家—社会关系模式的变迁状况及如何影响专业社会工作供给。

一、英美国家—社会关系模式变迁与专业社会工作发展

英美国家近代最早兴起的国家—社会关系模式是"小政府，大社会"模式，为古典自由主义所倡导，坚持消极国家观，主张将国家的权力限制在最低程度，其代表人物有洛克、亚当·斯密、洪堡等（庞金友，2006）。这种国家—社会关系模式变迁对应的正是专业社会工作的诞生阶段。那个时期，在福利服务供给方面，国家（政府）甚少承担角色，主要依靠宗教及民间慈善组织发挥作用，专业社会工作是在传统民间慈善向科学慈善转型中诞生的（Payne，2005；Stern & Axinn，2018；Woodroofe，1962；言心哲，2012）。因此，可以说，这个时期是由民间社会在推动专业社会工作向前发展。

从 19 世纪末 20 世纪初开始，自由主义由传统转向现代，"小政府，大社会"模式强调的自由放任与不干涉原则不再适应社会的发展与现实政治需要，逐步为"大政府、小社会"模式所取代（庞金友，2006）。这种国家—社会关系模式变迁对应的正是英美福利制度逐步确立、福利国家逐步完善的阶段。在此阶段，国家（政府）逐步成为福利服务供给的责任人，专业社会工作被纳入福利国家体制内得以发展（Harris，1999；Payne，2005；Stern & Axinn，2018；Walton，2005；侯建州、黄源协，2012；郑怡世，2010）。因此，可以说，这个时期主要是国家（政府）力量在专业社会工作发展中发挥着重要作用。

20 世纪 70 年代后，维持与捍卫古典自由主义传统的保守自由主义崛起，"小政府、大社会"模式再度复兴，并升级为"弱政府、强社会"模式（庞金友，2006）。此种国家—社会关系模式变迁对应的是福利国家危机之后，英美福利国家掀起的系列改革。在新自由主义思潮指引下推行"去国家化"或者说"重新私有化"，缩小国家对经济和社会的干预范围和程度（郁建兴、周俊，2002）。其实质是要削弱国家（政

府）对经济社会的控制能力，弱化其干预角色。但正如赫尔德（1998）所言，新自由主义所倡导的国家角色存在两种形态，一方面希望回缩（rolling back）最小意义上的国家，另一方面希望成为提供规则保护的强国家。所以福利国家改革并非单纯国家角色的缩小或弱化，而是国家角色的转变和调整。强调政府再造的新公共管理（Osborne & Plastrik，1997；Savas，2001）兴起，政府改造的方向朝向企业化、市场化运作，注重市场机制在公共服务供给中的作用（Osborne & Gaebler，1992）。市场化、民营化、去机构化成为福利国家重组或重构的发展策略（Gough，1979；Powell，2008；Robinson，1986），公共服务供给的准市场（Kähkönen，2004；Le Grand，1991）兴起，政府从划桨者变为掌舵人（Osborne & Gaebler，1992；Osborne & Plastrik，1997），更加强调公共部门与民间私人部门的通力合作，建构公私伙伴关系（PPP）（Savas，2001）。国家社会工作民营化发展，民间部门成为社会照顾领域的关键部门，社会服务供给从公共部门转向私营部门（Carey，2006）。以英国为例，在1979年至2000年期间，私营部门的护理和安置住宅的数量从2.3万所增加到19.3万所；与此同时，地方政府拥有的护理和安置住宅的数量从48.0万减少到18.9万（Kerrison & Pollock，2001）。民营化导致大量资金从公共部门转移向私人部门（Dominelli & Hoogvelt，1996）。例如，美国政府对非营利性服务机构的资助自20世纪70年代急剧增加，联邦社会服务支出的50%以上用于非营利性组织，在日托、庇护、咨询、就业培训、保护儿童免受虐待和忽视等方面都是通过政府与非营利性服务机构签订合同来实现（Lipsky & Smith，1989）。显然，福利国家改革让"大政府—小社会"的国家—社会关系模式转向"弱政府—强社会"模式。这种变革意味着公共治理理论的兴起。治理理论产生于新自由主义的政策私有化主张，经过社会民主主义者的改造后，它更关注如何实现政治功能向市民社会转移（郁建兴、周俊，2002）。治理（governance）标志着政府管理含义的变化，是指一种新的管理过程，或者一种改变有序统治状态，或者一种新的社会管理方式；治理有六种不同的定义，即作为最小国家的治理、作为公司治理的治理、作为新公共管理的治理、作为善治的治理、作为社会—控制系统的治理以及作为自组织网络的治理（Rhodes，1996）。从这个意义上说，治理可看作一种最小的国家，它把国有企业和公共事业民营化，优先发展市场和准市场作为分配服务的手段（只掌舵，不划桨）（Merrien，1998）。治理是与统治（government）相对的概念：从主体上看，统治的主体是公共机构，而治理的主体包括公共机构和私人机构，还可以是公共机构与私人机构的合作；从权力运作向度看，统治是自上而下，运用政治权威发号施令、制定政策和实施政策，对社会公共事务单向度管理，治理则是上下互动的过程，通过合作、协商、伙伴关系、确立认同和共同的目标等方式实施管理；治理的实质在于建立在市场原则、公共利益和认同之上的合作（俞可平，2000）。概括起来说，治理的主要特征"不再是监督，而是合同包工；不再是中央集权，而是权力分散；不再是由国家进行再分配，而是国家只负责管理；不再是行政部门的，而是根据市场原则的管理；不再是由国家'指导'，而是由国家和私营部门合作"（Merrien，1998）。因此，在治理理念之下，市场成为塑造公共服务供给模式及专业社会工作的重要力量，对专业社会工作发展形成重大影响。

二、小结

文献回顾可发现，英美国家—社会关系模式对专业社会工作发展产生了影响。英美国家，在专业社会工作诞生阶段，国家—社会关系属于"小政府，大社会"模式，专业社会工作主要由民间力量推动；在国家社会工作时期，国家—社会关系属于"大政府，小社会"模式，专业社会工作由国家供给；在福利国家危机后，国家—社会关系摆回"弱政府—强社会"状态，政府从划桨者变为掌舵人，治理理念兴起，公私伙伴关系（PPP）对专业社会工作发展产生影响，市场及民间组织成为专业社会工作的主要供给者。对照中国的状况，中国未形成英美国家那样的国家—社会关系模式，改革开放以来国家—社会关系虽有调整，但始终都是"强政府—弱社会"状态，新千年以来倡导社会管理创新与近年来倡导社会治理创新，其内涵并未发生改变，社会始终处于政府控制之下。因此，中国的政府购买社会工作服务并未真正建立在公私伙伴关系状态之下，政府购买社会工作模式实践预期会遭遇挑战。

第三章

中国专业社会工作发展

如前所述，本研究旨在以广东"双百计划"作为案例，探究中国特色专业社会工作发展模式。专业社会工作的持续发展需要向历史汲取养分，过往中国专业社会工作发展的历程、经验和脉络对本研究具有启发意义，本章将重点探讨这部分文献。

第一节　中国专业社会工作的引入与重建

专业社会工作诞生于英美国家，对中国而言属于舶来品，因此专业社会工作在中国并非"诞生"，而是引入。

一、中国专业社会工作的引入

与英美国家相比，中国专业社会工作发展起步并不算太晚。20 世纪 20 年代，专业社会工作开始引入中国，首先是专业社会工作教育得到发展。中国社会工作"教育先行"的特点（彭秀良，2016；史柏年，2004、2013；熊跃根，2005），从专业发展之初便开始显现。所谓教育先行是指中国专业社会工作发展先是从大学专业教育开始，逐渐扩展到实务领域，专业实践滞后于专业教育（彭秀良，2016；史柏年，2004）。

1914 年上海沪江大学创立社会学系，社会工作作为一个分支学科被建立和发展起来（熊贵彬，2014）。沪江大学社会学系最初只是由美国布朗大学毕业生、年轻的传教士葛学溥开设一门社会学课程，1915 年该系改为社会科学系，课程增加至 5 门，即人类学、社会学、社会制度、社会病理学和社会调查（阎明，2010）。1922 年美国传教士步济时领导创建了后来成为中国最具活力的社会学系之一的燕京大学社会学系（孙志丽、张昱，2009；阎明，2010），燕京大学社会学系设置了应用社会学（蔡舒，1993），开设"个案工作""团体工作""社会行政""精神健康社会工作""社会福利"等课程（彭秀良，2016），这标志着社会工作作为一门专业与学科在中国初步建立（蔡舒，1993）。燕京大学社会学系初建时即注重培训社会服务专业人才，课程讲授注重社会服务与社会调查（雷洁琼、水世琤，1998）。燕京大学所设的应用社会学启发了中国一大批早期从事社会工作的学者，对中国社会工作理论和方法的形成有很大的奠基作用（孙志丽、张昱，2009）。1925 年，该系更名为社会学与社会服务系，侧重于实际应用方面，为社会各服务机构、团体培养社会福利工作者（袁方，1997），这里的社会服务就是社会工作，这是中国境内第一个社会服务（社会工作）学系（王思斌，2019b）。因此，创办燕京大学社会学系的步济时被人称为"中国的社会工作之父"（孙志丽、张昱，2009）。继燕京大学社会工作专业开设之后，因其关注社会问题，以服务社会和讲究实务导向，一大批大学纷纷开设社会工作方向课程，设置社会工作专业，成立社会福利系或社会行政系（熊贵彬，2014）。具体包括，复旦大学、之江大学、南京金陵女子学院、齐鲁大学、福建协和大学、清华大学、辅仁大学等高校（彭秀良，2016）。1948 年，金陵大学成立社会福利行政系，成为当时中国唯一独立的社会工作系，培养输送社会工作专业人才（王世军，2001）。那时，社会学与社会工作区分不明显，来自美国的专业的、微观的社会工作没有占据核心地位（王思斌、秦小峰，2018），社会工作被视为应用社会学（雷洁琼，1994）或被称为社会服务、社会事业（言心哲，2012）。相较于专业教育，专业实践则相对滞后。专业实践主要由教育机构或医院推动，并未形成体系。例如，1917年沪江大学在上海东部新工业区创办沪东公社，开办义务医院，开展改善社会福利的各种活动（孙志丽、张昱，2009；阎明，2010），沪东公社实际上是一个社区服务中心，为当地的工人及其家属提供服务（阎明，2010），1921年北京协和医院成立社会服务部（蔡舒，1993），当时专业化程度最高的医务社会工作实践出现（彭秀良，2016），燕京大学社会学系推动乡村建设，1930年开办"清河实验区"（张德明，2013）。还有南开大学成立的经济研究所，协和医院以定县、清河等处为乡村卫生实验场所，金陵大学农学院乌江实验区，陶行知主持中华教育改进社的晓庄学校，江恒源、黄炎培所在的中华职业教育社的徐公桥等实验区（阎明，2010）。可以说，民国时期的社会工作实践是以社会为主体，开展生存性福利活动，是一种准专业社会工作（刘振、徐永祥，2019）。

民国时期的专业社会工作发展有其独特的政治经济社会脉络。总体而言，民国时期的社会工作主要是在外部力量推动下发展的，农业社会的经济基础、连年战乱和政治纷争容纳了那个时期学院派的专业社会工作（王思斌、秦小峰，2018）。首先，西方传教士对社会工作思想、理念及方法在中国的传播、发展起了重要作用（孙志丽、张昱，2009）。早期社会工作的引入与美国教会的传教活动紧密相连，教会举办的大学和福利机构作用明显（彭秀良，2016）。其次，专业社会工作发起是向西方学习的产物。20世纪20年代，在"教育救国"和"向西方学习"的背景下，中国从西方引进中国所没有的学科，社会工作是其中之一（夏学銮，1996）。专业社会工作发展，除了来自西方的学者引入，还有的是由中国在英美接受社会科学训练的本土学者发起的（Li, et al.,

2012）。那时的中国将英美国家视为先进榜样，专业学习上呈现出英美中心主义（刘威，2011）。社会工作专业发展停留在本地化的第一阶段，即英美经验的输入或移植（Walton & Abo El Nasr, 1988）。社会工作专业受到在西方接受教育的学者的影响，所以社会工作的哲学、原则及实践皆源于西方的训练和发展，强调人权与社会服务，主要关注乡村中的农民和城市中的劳工（Li, et al., 2012）。最后，受限于当时社会经济发展状况和长期政治战争影响，社会工作作为一个专业和职业未能发展起来（张李玺、林慧芳，2008）。民国时期持续的社会动荡和经济衰退，没能给社会工作的发展提供有利条件（王思斌，2019b）。当时中国处在内忧外患的复杂环境中，战争、灾荒不断，经济落后，社会工作更多的是开展贫困救济工作（刘振、徐永祥，2019）。

二、中国专业社会工作的重建

1949 年新中国成立以后，专业社会工作在中国的发展暂时陷入停滞。1952 年全国高等学校院系调整，社会学等学科被取消，专业社会工作发展中断，直到 20 世纪 80 年代中后期恢复重建，并迎来快速发展阶段（蔡舒，1993；李迎生、韩文瑞、黄建忠，2011；史柏年，2004；夏学銮，1996；袁方，1997）。专业社会工作在中国发展中断有其特殊的政治经济脉络。首先，新中国"一面倒"向苏联，专业社会工作不容于当时的政治意识形态。自 20 世纪 50 年代开始，中国逐步形成单一公有制的计划经济体制（武力，2003）。中国未像西方福利国家那样形成"科层—专业主义"的国家社会工作体制（Harris, 1999；Payne, 2005）。这个时期没有专业社会工作概念，社会工作不是专门职业，从业者没有受系统专门的训练，只有行政性、非专业的社会工作，发挥服务与政治凝聚两种功能（王思斌，1995），只是传统经验型的社会工作（袁方，1997），或者说是社会性与专业性双重缺失的"经验为本的行政社会工作"(刘振、徐永祥，2019)。可以说，这是一套与计划经济体制、单位体制、户籍制度相适应的解决民生问题和社会问题的工作方法，意识形态明确地存在于其中（王思斌、秦小峰，2018）。

　　1978年，中国开始实施改革开放政策，这为专业社会工作的重建提供了契机。1979年3月，中国社会学研究会成立标志着社会学开始恢复与重建（杨善华，2019）。社会工作学科随着社会学的恢复重建而重启发展（王思斌，2019b），社会学恢复重建，作为应用社会学重要部分的社会工作也逐渐恢复，北京大学、中山大学、上海大学等高校社会学系都开设了有关社会工作的课程（袁方，1997）。1980年冬在北京举行的第一期社会学讲习班，著名社会学家雷洁琼主讲社会工作，指出民政工作就是具有中国特色的社会工作（熊贵彬，2014）。这是改革开放后内地专家第一次讲授"社会工作"，它是作为社会学的一部分来讲授的（王思斌等，2014）。1983年1月，雷洁琼在全国民政工作理论研讨会上提出"民政干部职工都应学习运用社会工作专业理念、知识和方法"（宫蒲光，2014）。在为民政部干部培训讲话时雷洁琼说道："我们将来可能成立社会工作系或者在社会学系下设社会工作专业"（雷洁琼，1994）。1985年12月，国家教育委员会在广州召开"社会学专业教学改革研讨会"，雷洁琼等学者呼吁重建社会工作专业（王思斌，2019b；王思斌等，2014）。1986年，国家教委作出关于在社会学学科中增设社会工作与管理专业的规定，为社会工作专业恢复奠定基础（袁方，1997）。广州中山大学与香港大学在1986—1989年开启3年合作计划，全面系统地举办专业本科教育和师资培训，这是中国社会工作教育与研究重建的正式发端（陈社英，2020；张宁渤，2012）。1987年，民政部为了推动社会工作的发展，召集社会学和社会工作知名专家学者及国家教委有关部门负责人，在北京马甸举行社会工作教育论证会，该会议确认社会工作专业的学科地位（史柏年，2004；张李玺、林慧芳，

2008）。1988 年年初，国家教委批准北京大学、吉林大学、中国人民大学三所高校试办"社会工作与管理"本科专业（王思斌，2019b）。在民政部大力支持下，1989 年国家教委批准北京大学社会学系招收社会工作专业本科生和社会工作方向硕士研究生，与此同时，厦门大学、上海大学等先后开设社会工作专业和相关课程，标志着社会工作教育被重新纳入高等教育体系（史柏年，2004；王思斌，2004b）。1994 年中国社会工作教育协会成立，其责任和使命是协调、组织和推进中国本土特色社会工作发展（史柏年，2004；袁方，1997），协会开始在全国范围内推进社会工作学科建设。1997 年，教育部高等学校社会学学科教学指导委员会的成立，对高校社会工作专业课程体系的建设起到决定性作用（王思斌，2019b）。1999 年，国务院转批了教育部的《面向 21 世纪中国教育振兴行动计划》，决定实施素质教育，开放办学自主权，扩大高等教育规模（中华人民共和国国务院，1999）。一些高校生源不足的系科开始开办社会工作专业，从而使全国的社会工作专业数量骤增（王思斌，2004a）。由此，中国专业社会工作发展"教育先行""后生快发"等特点更加突出（史柏年，2004；张李玺、林慧芳，2008），关于中国社会工作专业化与本土化、发展机遇与挑战等议题的讨论越来越多（Fong，2001；Yan，1998；Yip，2004、2007；Yuen-Tsang & Wang，2002）。但显然，这时期专业社会工作的恢复和重建只是以"教育先行"的形式实现专业化转型，只是一种"专业化的行政社会工作"，社会工作的影响主要局限于学界和民政系统，真正的专业实务相对滞后（刘振、徐永祥，2019）。在 21 世纪之前，社会工作虽重回中国高等教育体系，但影响力有限，因为单位体制还未发生根本性变化，单位覆盖社会，没有专业社会工作的施展空间（田毅鹏，2009）。

20 世纪八九十年代，中国专业社会工作得以恢复重建，特别是在教育领域得到快速发展，同样是奠基在特殊的政治经济社会脉络基础上的。

首先，1978 年开始的改革开放让意识形态理论发生了根本性的转变。中国共产党在十一届三中全会把党和国家的工作中心转移到经济建设上来；同时，作出了实行改革开放的伟大决策（江泽民，1992）。1979 年 3 月 15 日至 18 日，"社会学座谈会"在北京召开，胡乔木在会上讲话："否认社会学是一门科学，用非常粗暴的方法来禁止它的存在、发展、传授，无论从科学的、政治的观点来说，都是错误的，是违背社会主义根本原则的"（杨心恒，2015）。胡乔木的这番讲话，在政治上和学术上重新为社会学确立一席之地（阎明，2010）。1979 年 3 月 30 日，邓小平在党的理论工作务虚会上讲话时专门提道："政治学、法学、社会学以及世界政治的研究，我们过去多年忽视了，现在也需要赶快补课……我们已经承认自然科学比外国落后了，现在也应该承认社会科学的研究工作比外国落后了。……必须下定决心，急起直追，一定要深入专业，深入实际，调查研究……"（邓小平，1994）费孝通受中共中央委托带头恢复和重建社会学，他指出重建社会学的方针是"以马克思主义为指导，结合中国实际，为社会主义建设服务"。（费孝通，2000）。至此，自上而下达成共识，中国需要社会学，社会学不再是禁忌（阎明，2010）。重要领导人的讲话让社会学恢复名誉，社会工作作为应用社会学分支间接得以恢复（熊贵彬，2014）。可以说，实施改革开放政策实际上为专业社会工作重建提供了契机（Law & Gu，2008），社会工作恢复重建与发展是改革开放的产物（王思斌等，2014）。因为在新的意识形态下，社会工作不再被视为资本主义的学科，并且"做得好，可以为国家、为社会主义的发展作出贡献"（费孝通，2000）。

其次，社会工作专业契合了民政干部"四化"的要求。邓小平在中国共产党十二大开幕词中提及"实现干部队伍的革命化、年轻化、知识化、专业化"（邓小平，1982）。崔乃夫任民政部部长后，积极落实邓小平的意见，为民政干部的"四化"寻找发展途径，社会工作成为民政干部"四化"的结合点（王思斌等，2014）。雷洁琼认为民政部门提供的服务类似于西方国家专业社会工作（Xiong & Wang，2007），社会工作化的民政工作是中国特色的专业社会工作（袁华音，1993）。民政部门将社会工作视为促进民政事业现代化和专业化的学科，多年来一直积极推动社会工作发展，积极支持社会工作学科建设（王思斌，2004b；王思斌等，2014）。中国社会工作的生产路径是旧制度与新制度的接轨，计划经济时期的旧的民政制度在改革开放后经济转轨、社会转型的过程中难以适应社会需求，民政部门作为行动者选择了对旧制度进行演进和引入新制度，即推行民政工作专业化，引入专业社会工作（刘振、徐永祥，2017）。根据制度变迁规律，旧有制度在社会管理方面的缺失导致我国社会与经济发展不平衡，进而寻求新的替代制度（专业社会工作）（张曙，2011）。

最后，改革开放以来的经济体制改革、社会主义市场经济的确立，从需求和供给两方面对发展专业社会工作重建和发展产生影响。需求方面：1978年以后，随着改革开放推进，计划经济向市场经济转变，具体表现是，农村政社合一的人民公社解体，城市个体私营经济发展和国企简政放权（武力，2003）。伴随着改革开放的社会转型，不只是从计划经济向社会主义市场经济转型，也是从传统农业社会向现代工业社会转型，社会问题层出不穷，需要社会工作作出回应（袁方，1997）。具体而言，市场化改革和推进市场经济建设的政策导致新的社会问题出现，包括城市贫穷、失业、老龄化、家庭冲突、农民工等（Xiong & Wang，2007；袁方，1997）。市场经济转型一方面刺激了社会经济发展和政府财政增长，另一方面也导致了大量的失业下岗以及日趋严重的不平等和贫困问题，人口老龄化的压力也越来越大（关信平，2002）。特别是1997年中共十五大提出"加快推进国有企业改革"，改革方向是"建立现代企业制度"；"实行鼓励兼并、规范破产、下岗分流、减员增效和再就业工程,形成企业优胜劣汰的竞争机制",认为"随着企业改革深化、技术进步和经济结构调整,人员流动和职工下岗是难以避免的"(江泽民,1997)。从 20 世纪 90 年代中期到 2000 年初期,随着国企改革的进行,超过 2000 万工人失去工作,他们被称为下岗工人(Wong & Ngok,2006)。市场化取向的经济改革和公共服务市场化让成千上万的人陷入不确定和危机之中,特别是国有企业的工人;同时,来自乡村的农民工没有任何的社会政策保护(Ngok,2013b)。这些新问题导致大量社会危机。社会工作的基本功能是解决社会问题,也只有在解决问题中人们才能认识到社会工作的价值(袁方,1997)。因为解决社会问题和回应新出现的社会需求一直是社会工作的重要焦点,这也是社会工作界广泛存在的共识(Schneider & Netting,1999)。这说明经济增长和社会转型对专业社会工作服务需求日益增大(Xiong & Wang,2007)。

供给方面:1992 年中共十四大提出"我国经济要优化结构,提高效益,加快发展,参与国际竞争,就必须继续强化市场机制的作用""我国经济体制改革的目标是建立社会主义市场经济体制,以利于进一步解放和发展生产力"(江泽民,1992)。提出市场经济改革目标和强调市场调节的基础作用,这让国有经济进入适应市场经济体制改革和结构调整阶段(武力,2003)。经济市场化改革在体制层面上基本定形,原有的城乡分割制度和单位元体制被部分打破(王思斌、秦小峰,2018)。经济体制改革,从根本上触动了传统的国家—单位保障制的经济基础,动摇了支撑国家—单位保障制的行政体系和单位组织结构(郑功成,2008)。在经济改革和社会转型背景下,国有企业要参与市场竞争并接受优胜劣汰法则,原来无所不包的社会事务难以维系(郑功成,2019)。改革的热点是企业单位职能专业化,减轻对职工福利服务的负担,以提高工作效率(王思斌,1995)。国有企业的市场化改革一方面提高了企业生产效率,造就了一批有竞争力的企业参与国际竞争,为我国经济的高速增长创造了条件；另一方面产生了大量"4050 人员"，他们被推向社会，成为弱势群体（王思斌，2019b）。从福利服务供给面看，体制改革对社会工作的直接推动来自对"企业办社会""单位办社会""单位包福利"等旧制度的改革，出现福利服务社会化等发展思潮（王思斌，1995；张李玺、林慧芳，2008）。经济体制改革令市民对福利之需要与供应发生重大改变，经济市场化引导福利向社会化发展（莫邦豪、刘继同，2012）。特别是进入 20 世纪 90 年代以后，中国社会政策基本模式和总体架构发生转型，放弃了原有普遍性福利制度，转向"社会化"、选择性福利模式，更强调效率优先、压缩福利支出而降低劳动力成本和政府负担，福利目标在于为穷人提供最基本的社会保障（关信平，2002）。这个时期属于市场主导型社会政策时期，国家大幅退出社会福利领域，市场成为社会福利的主要提供者（李迎生，2012）。从需求、供给的视角看，中国原有的社会福利服务供给制度具有保障对象有限性、服务方法行政性和服务人员半专业化等特点，无法满足民众日益增长的多元化的需求，将社会工作制度纳入社会管理和社会福利服务制度创新，为社会工作发展创造了新条件（张曙，2011）。计划经济体制下官方和民间的求助系统不能在新的社会体制下解决由市场经济改革引发的社会问题，社会职能的分化促进社会工作的职业化和专业化，由其来承担提供社会服务的任务，从而发挥维护社会和谐的功能（雷杰，2014）。总而言之，从改革开放开始至 20 世纪末，经济体制的市场化改革、社会转型、对外开放和新的社会问题，使专业社会工作得以重建和发展（王思斌、秦小峰，2018）。

三、小结

根据前述文献回顾可发现，专业社会工作自 20 世纪 20 年代到 21世纪初，在中国先后经历了引入和重建的历程。20 世纪 20 年代，西方教会在中国兴办的大学、外国传教士以及中国留学英美归来的学者成为引入专业社会工作的中坚力量。但受制于国家政治混乱、战争频繁、经济落后，专业社会工作教育与实践发展并未成体系。新中国成立后，专业社会工作教育在院系调整中被取消，专业社会工作只能以民政救助等形式另类存续。20世纪80年代以来，中国专业社会工作逐步恢复重建，主要表现在高校社会工作教育得以恢复。其政治经济脉络是，民政部门将专业社会工作视为推动民政干部和民政工作专业化的工具，社会工作专业恢复名誉，经济体制朝向市场化改革从供需两方面证明有发展专业社会工作的必要。从根本上而言，专业社会工作得以恢复重建是受益于中国实施改革开放，政治经济社会大转型，主流意识形态发生改变。

第二节　中国专业社会工作的崛起与转变

一、专业社会工作的崛起

进入21世纪以后，中国专业社会工作迅速崛起。2006年召开的中共中央第十六届六中全会被社会工作教育者和民政干部视为专业社会工作的春天，因为会议通过重要决议文件，聚焦构建社会主义和谐社会（Xiong & Wang，2007）。同时，全会作出了"建设宏大的社会工作人才队伍"的战略部署，这成为发展社会工作的最高动员令，中国社会工作得到了前所未有的快速发展（王思斌、秦小峰，2018）。在专业人才培养方面，正式启动全国社会工作职业水平考试和全国社会工作专业硕士教育项目；民政部等19部委发布《社会工作专业人才队伍建设中长期规划（2011—2020年）》，不但对中国社会工作事业的发展提供了制度化的支持，而且在世界上形成了中央政府推动社会工作发展的创新之举（王思斌，2019b）。在专业实务方面，民政部、财政部发布《关于政府购买社会工作服务的指导意见》，国务院办公厅出台《关于政府向社会力量购买服务的指导意见》。由此，政府购买社会工作服务模式逐步兴盛。"政府出资购买、社会组织承办、全程跟踪评估"的购买服务模式成为主流（广东省民政厅，2016）。

21 世纪以来，专业社会工作在中国迅速崛起，同样基于特殊的政治经济社会脉络。党的十一届三中全会把党和国家的工作中心转移到经济建设上来，并做出实行改革开放的伟大决策（胡锦涛，2007；江泽民，1992）。自此以后，"以经济建设为中心"成为党在社会主义初级阶段的基本路线，历届全国代表大会报告均会重点强调。2007 年，中共十七大报告确立科学发展观为中国特色社会主义理论体系的指导思想之一。科学发展观延续了"经济建设为中心"思想，强调"发展作为党执政兴国的第一要务。……要牢牢抓住经济建设这个中心，坚持聚精会神搞建设、一心一意谋发展"；但科学发展观也开始强调"以人为本""全面协调可持续发展"（胡锦涛，2007）。

2003 年以来，中国迎来了社会政策扩张时期，国家承担福利责任的角色开始回归，社会工作作为一个专业和职业在这个时期开始得到国家承认（Ngok，2013a）。王思斌（2004c）认为中国开始迎来社会政策时代或者说中国正在走向社会政策时代。社会政策的功能性目标从应付矛盾转向引致和谐，2006 年关于和谐社会的决议强调民间组织特别是专业性产业组织、公益性服务组织等在社会建设中的作用是这种转变的标志（景天魁，2008）。中共中央提出"坚持以人为本，树立全面、协调、可持续发展观，促进经济社会和人的全面发展"的发展战略，为社会工作发展提供了最具合法性的政治基础（王思斌，2019b）。中共十八大报告强调要"深入贯彻落实科学发展观""维护社会公平正义"

"走共同富裕道路""促进社会和谐"（胡锦涛，2012）。这些构筑起专业社会工作在中国发展的政治脉络。

因此，这一时期的政治经济脉络决定了中国为何会发展专业社会工作，发展专业社会工作有特定的目标。目标一，应对社会转型问题。这类观点将专业社会工作崛起放置于更广阔和长远的历史视角审视，认为2006年以后专业社会工作的崛起源于改革开放以来的社会转型，发展专业社会工作是为了应对社会转型带来的社会问题。例如，中国发展社会工作主要是为了围绕社会转型及其问题化解，社会工作介入是政府在单位体制解体后重组社会支持系统的实用主义尝试，社会工作者被视为社会问题的调停者（陈友华等，2012）。社会工作被理解为通过运用科学知识和技能来解决社会和个人问题，稳定社会，提高社会参与度，从而有助于促进经济的快速变化（Yan & Tsang，2005）。转型期社会问题凸显，政府出于工具理性的强烈动机去推动社会工作职业化，期望社会工作能解决大部分社会问题（行红芳，2010）。中国社会工作模式从行政性、半专业转换为专业性社会工作，其动因包括：经济运作机制转换引起原有保障体制乏力，社会转型中社会问题涌现，社区居民需要和基层组织职能转换（朱力，1997）。专业社会工作发展是为了满足中国社会转型期弱势群体的迫切需求、民政等职能部门从业人员的专业化需求、政府治理方式改革要求加快民间社会服务事业发展的需求（李迎生等，2011）。政府职能发生转变，希望有人替政府分忧，因而发展专业社会工作（陈友华等，2012）。目标二，建构社会主义和谐社会，维护社会稳定，为经济发展保驾护航。这类观点实际上是第一种观点的另一面，发展专业社会工作是为了助力社会主义和谐社会。例如，中国社会工作发展应置于社会主义和谐社会建设背景下思考，社会转型的需求为其发展提供条件（王思斌、阮曾媛琪，2009）。在社会结构转型过程中，中国社会工作者肩负的社会使命是促进精神文明建设、政治文明建设、经济发展和社会和谐（刘继同，2007）。若从社会发展视角看，社会工作任务定位为解决社会问题、维护社会稳定和为维持经济发展提供环境保障（Bai，2014）。社会工作解决个人问题的能力和它在维护经济增长所需的稳定社会环境方面具有工具价值（Yan & Tsang，2005）。社会工作专业作为社会建构之物，它的出现是因应社会需要，从社会任务的角度重新概念化社会工作无可厚非（Popple，1985）。在追求社会和谐、社会团结的过程中，社会工作专业价值中关怀、信任等获得了中央政府的认可，专业发展得到了政治肯定（Leung, et al.，2012）。目的三，强化政党合法性。这类观点更加直接地将专业社会工作崛起与政党目的做联结。例如，有学者提出了党的社会工作概念，党的社会工作是党作用于社会，从而达到巩固和实现党的领导与执政的目的的活动过程；党的社会工作主要围绕着联系群众、凝聚社会、协调利益、扩大基础、巩固执政，其出发点是密切党群关系，其归属点是巩固党的执政和提高党的执政能力（施凯等，2006）。何历宇（2014）从政治学维度分析中国社会工作发展，社会工作是与党的群众工作相联系的，采用专业社会工作方法，通过社会服务获得群众对党的认同，增强党的凝聚力。

发展专业社会工作是社会政策扩展的结果，也是政府福利责任回归的表现。国家履行福利责任并不体现在原有福利体系扩张和政府直接提供社会服务上，而是体现在公共财政对社会工作机构和社会服务的支持上（雷杰，2014）。换言之，确立政府购买社会工作服务制度（民政部、财政部，2012），推动政府购买社会工作服务发展是中国政府扩大福利责任的表现。这与英美福利国家改革，以民营化和契约委外来削减福利责任（Gough，1979）的思路截然不同。政府购买社会工作服务实际上是借助市场机制和借助社会力量来供给社会服务。因为这一时期的政治意识形态在行政体制改革上强调"建设服务型政府""着力转变职能""政事分开""政社分开"，在社会建设领域强调"加强、完善、创新社会管理""重视社会组织建设""形成政社分开、权责明确、依法自治的现代社会组织体制"(胡锦涛，2007、2012)。

二、中国专业社会工作的转变

2006 年以来，中国专业社会工作得以快速发展，但也暴露出一些实践性问题。例如，社会工作发展不均衡问题突出：东部发达地区发展快于中西部欠发达地区，城市快于农村，民政领域快于其他领域；全国有 70% 以上的县市尚未真正开展社会工作，越到基层，工作越薄弱（宫蒲光，2014）。从发展程度看，东部地区步伐较快，西部地区在重视程度、发展速度、发展水平上相对滞后；城乡区域不均衡，社会工作开展主要在大城市及沿海经济比较发达的地区进行，而广大农村地区发展有限（柳拯等，2012）。2016 年以来，中国专业社会工作迎来新的发展趋势。当年 10 月，广东省民政厅印发《广东省民政厅关于做好粤东西北地区"双百镇（街）社会工作服务站"建设运营示范项目申报工作的通知》（粤民函〔2016〕1862 号）文件，正式启动"双百计划"。"双百计划"超越了过去十多年推行的政府购买服务模式，在粤东西北地区发展专业社会工作，采取"镇街直接聘用"的做法（广东社工双百工程，2017）。2020 年 10 月，民政部召开加强乡镇（街道）社会工作人才队伍建设推进会，重点推介广东、湖南等地乡镇（街道）社工站建设经验（红网，2020）。2021 年 4 月，民政部提出力争"十四五末"，实现全国乡镇（街道）都有社工站，村（社区）都有社会工作者提供服务的奋斗目标（民政部办公厅，2021）。如果说专业社会工作崛起、政府购买社会工作服务模式主要是出现在发达的城市地区，那么乡镇（街道）社工站的建设则主要瞄准了乡村地区，聚焦在重点兜底人群上。

当然，专业社会工作的发展转变同样由政治经济脉络所决定。1978

年以来，中国经济保持高速增长，1978—2012 年均保持 9.8% 左右的增长速度，2003—2007 年期间更是达到了年均 11.6% 以上的增长速度（李佐军，2015）。然而，2012 年以来，中国经济发展逐步迈入新常态阶段，其特点是经济发展"从高速增长转为中高速增长""经济结构不断优化升级""从要素驱动、投资驱动转向创新驱动"（习近平，2014）。经济形势进入经济增长速度换挡期、结构调整阵痛期和前期刺激政策消化期"三期叠加"阶段（张占斌，2015）。经济发展新常态会伴生出城乡居民收入增幅放缓、就业不足、失业、困难群体基本生活遭受威胁等问题（王思斌，2015b），可能加剧结构性失业，带来市场机会不平等，收入分配差距加剧，给某些群体带来相对剥夺感等（王思斌，2015a）。这为社会政策发展带来挑战，包括贫困人群失业和陷入贫困的风险增大，财政资金用于扶贫的增量空间有限（李晓辉等，2015）。为了适应经济发展新常态，需要"积极破解经济社会发展难题，着力保障和改善民生"（人民网，2014）。习近平在 2013 年中央经济工作会议中提到，面对经济发展新常态，"把握经济大势，保持调控定力，坚持底线思维，按照宏观政策要稳、微观政策要活、社会政策要托底的思路"；"着力做好保障和改善民生工作，要继续按照守住底线、突出重点、完善制度、引导舆论的思路，统筹教育、就业、收入分配、社会保障、医药卫生、住房、食品安全、安全生产等，切实做好改善民生各项工作"（人民网，2013）。可以说，经济发展新常态给专业社会工作既带来挑战，也带来发展机遇。例如，"民生新常态"出现，就业、教育、医疗、住房、环境、社会保障等民生问题在决策者的视野中获得了更大的重视（陈启清，2014）。面对经济新常态，社会政策、民生工作都具有为经济发展和社会稳定服务的工具性意味，但这确实从客观上促进了社会政策的发展。积极的社会政策托底观点被提出（关信平，2016；王思斌，2015a、2015b），包括积极的社会政策和积极实施社会政策两方面，强调走出社会政策的救助性与被动性，强调社会工作有必要融入整个社会政策过程（王思斌，2015b）。社会政策托底任务包括托保障和改善民生的底、托全面建成小康社会的底、托社会和谐稳定的底和托转变经济发展方式的底（关信平，2016）。社会托底内容包括经济、社会关系、社会心理等方面的托底，保障失业者、贫困群体的基本生活，使其得到社会性支持，还要做心理抚慰、能力建设等方面的工作，这正是社会工作的内容（王思斌，2017）。社会工作的价值理念、工作方法对社会政策实施有积极的促进作用，将其运用于社会政策实践会有效地促进社会政策制定与实施的合理化，使社会政策实施达到良好效果，促进社会治理与社会和谐（王思斌，2016）。具体而言，实施积极的托底社会政策，要把救助保障和社会服务结合起来，把解决困难群体的生存困难与促进他们的能力发展结合起来；对困难群体不但实施物质或经济方面的说明，而且通过社会服务传递社会关怀，增强其能力（王思斌，2015a）。所以说，社会工作在社会托底工作中作用不可或缺，专业力量参加社会托底工作，可以真正做到"深入细致"（王思斌，2017）。另外，2017年，中共十九大报告提出了习近平新时代中国特色社会主义思想和基本方略，包括"坚持党对一切工作的领导""坚持以人民为中心""坚持在发展中保障和改善民生"；同时提出"实施乡村振兴战略""加强社会保障体系建设""打赢脱贫攻坚战"等论述（习近平，2017）。这既为专业社会工作在不同领域的发展提供了依据，也间接促成了专业社会工作的转型。例如，全国掀起的乡镇社工站建设高潮，出现弱化机构的镇街直聘社工等（郑广怀、张若珊，2020）。社会工作发展呈现出"以红领专"的特点，社会工作专业人员能促进国家意志的落地，提升党的执政合法性（郑广怀等，2021）。整体上而言，中国社会工作发展是"中体西用"的思路，即用社会工作的方法和技术来巩固主流意识形态和现行体制的合法性（郑广怀、张若珊，2020）。可以说，在新时代，社会工作是党和政府建构合法性的积极推手，社会工作更加明显地被纳入党和政府的控制之下。

三、小结

根据前述文献回顾可发现，2006 年以来，中国专业社会工作发展可大致分为两个阶段，分别是崛起和转变阶段。专业社会工作在中国崛起是以 2006 年为起点，从中央到地方，密集出台推动专业社会工作发展的政策，专业社会工作教育迅速扩张，不同领域的社会工作实务也得以快速发展，民政部门仍然是推动专业社会工作发展的主力，不少地方都诞生了"政府购买社会工作服务"的实践。但很明显，这个时期的专业社会工作发展并不均衡，主要集中在东部沿海省份及城市地区。此阶段发展的政治经济脉络是，十六届三中全会第一次提出科学发展观，主张建设社会主义和谐社会，政府在社会福利责任方面开始回归；改革开放后，中国一直坚持以经济建设为中心，政府职能专注于经济发展，忽视了民生社会领域建设；多年持续高速的经济增长也为民生社会政策的实施提供资源基础。进入新时代以后，中国专业社会工作有了新的转变，特别是乡镇（街道）社工站建设计划推出，镇街直聘社工成为一种新的发展趋势。其政治经济脉络是，以习近平同志为核心的党中央更强调建设中国特色的社会主义，提出了精准扶贫、乡村振兴等政策战略，强调发展要以人民为中心；同时，中国经济发展迈入新常态，经济增速放缓，产业结构调整，可能引发新的社会危机。

第四章

研究设计

本章主要说明本研究的方法和实施过程，全章分为七节，分别说明研究概念框架、研究方法、资料收集方法、研究场域与对象、资料分析方法、研究效度检验、研究伦理。

第一节　研究概念框架

从文献回顾可知，无论是英美国家还是中国，专业社会工作的产生、发展、转变等不同阶段均受到当时当地的政治经济脉络及意识形态影响。可以说，专业社会工作是政治经济及意识形态发展的产物。这也说明专业社会工作确实是社会建构之物，其含义、关键概念、功能定位等是建立在不同的历史政治经济文化社会脉络之下的（Payne，1997；Yan，1998）。特定社会政治背景下的主流话语实践和体制制度安排都会对专业社会工作产生影响。正如国际社工界普遍承认的，国家赋予了社会工作职业的权利与权威，这使得这个职业承载了政治内容（IASSW，2018）。具体而言，政治经济脉络及社会意识形态对专业社会工作的影响皆是"双刃剑"。它们有时是推动专业社会工作向前发展的动力，有时会成为专业社会工作发展的阻力。例如，英国工党当政时推动了福利国家建设和国家社会工作发展，保守党当政则试图拆除福利国家和打击专业社会工作。经济因素的影响也具有双重性。例如，工业革命后，城市化和工业化发展导致社会问题丛生，干预和解决问题的需要催生了专业社会工作，"二战"后资本主义世界经济持续繁荣为福利国家及国家社会工作发展奠定财政基础，20世纪70年代的西方经济"滞胀"引发福利国家危机，福利国家改革削减福利支出和调整福利支出方式，进而影响社会服务供给模式，给社会工作带来去专业化与再专业化的影响。

从国内文献回顾可知，在中国，影响专业社会工作发展最核心、最关键的脉络是主流意识形态，它具有关键性的作用。一方面，主流意识形态理论变化直接影响专业社会工作。另一方面，主流意识形态又通过影响政治、经济及国家—社会关系状态间接影响专业社会工作。另外，"双百"被视为一场专业社会工作发展改革计划，因此，过往的专业社会工作发展状况也构成了"双百"的兴起脉络。本研究试图研究2016年以来广东兴起的"双百"社会工作，描绘"双百"社会工作模式的样态，分析"双百"为何兴起及为何如此兴起。据此，研究者建构本研究的概念框架如下：

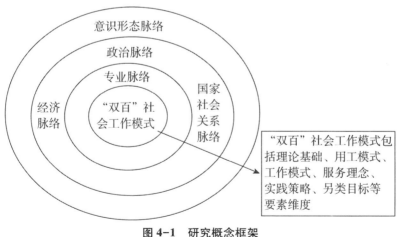

图4-1 研究概念框架

如图 4-1 所示，"双百"模式的内涵包括理论基础、用工模式、工作模式、服务理念、实践策略和另类目标等要素维度。"双百"模式的兴起受到意识形态、政治、经济、国家—社会关系以及专业等脉络影响。意识形态脉络的影响是根本性和决定性的，它可以直接影响"双百"社会工作模式，也通过影响政治、经济、国家—社会关系、专业等因素间接影响"双百"模式。

第二节 研究方法

一、质性研究典范

社会科学研究典范（paradigm）不像库恩（Kuhn）（2012）所言的自然科学典范那样具有不可通约性和前后替代性，社会科学研究存在多元典范并存的状况。按照林肯（Lincoln）、林汉姆（Lynham）和库巴（Guba）（2018）的划分，当前社会科学研究典范包括实证主义、后实证主义、批判理论、建构主义与参与典范等五种类型，它们在本体论、认识论、价值论及方法论等哲学预设方面存在差异。质性研究秉持的是多元的研究典范，除了实证主义之外，其他研究典范均被质性研究所接纳。本研究旨在以广东"双百计划"作为案例，探究中国特色专业社会工作发展模式。在本体论上，研究者认为广东"双百"的发展并非客观、唯一、不变的实在，而是一种多元的事实存在；在认识论上，研究者认为关于广东"双百"的发展知识并非通过科学、客观、中立的方法测量取得，知识获取的方法还要考虑研究者获取资料的管道及能力，知识也并非只是统计数据等客观指标，还包括语言、报告、文字等非客观维度；在价值论上，研究者承认自己对本项研究是有价值承载的，因为研究者本身一直处于广东"双百"发展的社会脉络之中，并且一直参与广东"双百"的实践和研究；在方法论上，研究者打算使用建构逻辑来呈现广东"双百"社会工作模式的发展。显然，本研究适合采用质性研究典范。

二、质性研究方法

质性研究是做一种将观察者置身于某种真实世界的情境界限活动，研究过程包括一套诠释和实证的实务，以期待揭示所探究的世界；这些研究实务将真实世界转化，使其成为一系列的再现，包括田野笔记、访谈、会话、摄影、记录、备忘录等；在这个层级，质性研究采用诠释、自然主义的取径来探究世界；这意味着研究者探究处于自然场域的事物，致力于根据当事人赋予现象的意义来理解或诠释（Denzin & Lincoln, 2018）。另外，克雷斯维尔（Creswell）和波思（Poth）（2018）认为：质性研究开始于若干预设和使用诠释/理论架构，进而形塑、提拟出研究问题，用以探讨个人或团体对于社会或人类问题所赋予的意义；要研究此等问题，质性研究者采用浮现的研究取径，在自然场域中收集资料，敏感于所研究的个人和地方，兼容归纳和演绎来进行数据分析，从而确立形态或主题；研究结果的书面报告或呈现，纳入参与者的声音、研究者的反身性、关于研究问题的复杂描述和诠释，以及对于文献的贡献或呼吁改革行动。从前述两种定义可以看出，质性研究主要采取诠释性架构来探究世界，注重在自然真实的场域中进行资料收集和研究，注重现象的描述、呈现和解释分析。本研究就是如此，研究者将广东"双百"社会工作发展的历程与现况视为研究的场域，注重对其发展模式的描述和呈现，也对其发展脉络进行分析。

第三节 资料收集方法

质性研究主要通过四类田野研究获得资料,分别是访谈、观察、素材收集与检视、感觉(Yin,2014)。另外,克雷斯维尔和波思(2018)把质性研究资料大致归类为四大基本群组:访谈、观察、文件资料与音影媒介材料。本研究主要采用访谈、文献收集与检视两种具体的方法来收集研究所需的资料。

一、访谈法

访谈作为一种常见的、重要的质性研究工具(Seidman,2006),存在多种形式。陈向明(2000)将访谈的类型大致分为"结构式""半结构式""无结构式"等三种类型:"结构式"访谈是以提供标准化的表格,以预先安排的固定项目,向受访者逐题访问,以获取所需数据;而"无结构式"则没有固定的访谈问题,多由受访者自由表达看法;"半结构式"则是居于两者之间,一方面界定基本的讨论范围,另一方面也鼓励受访者积极参与。另外,殷(Yin)(2014)把访谈分为结构化访谈与质性访谈两种类型:结构化访谈透过仔细的脚本来界定访谈者与参与者之间的互动,研究人员使用正式问卷,列出每一道要问的问题,设法取得受访者对每道问题的答案,对每位受访者尽量采取一致的行为和举止;质性访谈则没有严格的脚本界定,没有参与者答复的问卷问题和答案选项,每次访谈不会刻意维持访谈行为和举止的一致性,更注重开放式问题。本研究所使用的访谈方法更接近半结构式或者质性访谈,也可称为半结构式深度访谈。研究者根据广东"双百"社会工作模式这一研究主题,拟定了7个分主题的访谈大纲,邀请参与者就前述分主题内容展开对话分享，并根据访谈进程中出现的状况适时做出调整。

二、文献资料收集

素材收集与检视被视为重要的质性研究数据采集方法。所谓收集即编纂、累积研究主题相关的对象（文件、文物和档案记录等），这既可能发生在田野场域中，也可以通过图书馆、历史档案、电子媒介等来源进行（Yin，2014）。这种数据采集方法也被称为文献法，不是直接从研究对象那里获取研究所需要的资料，而是去收集现存的、以文字形式为主的文献数据（袁方、王汉生，2015）。文件数据包括研究者及参与者撰写的日志、个人文件、组织文件、公共文件以及自传传记等（Creswell & Poth，2018）。根据文献来源不同，文献资料可分为个人文献、官方文献及大众传播媒介三大类：个人文献主要指个人的日记、自传、回忆录及信件；官方文献主要指政府机构和有关组织的记录、报告、统计、计划、政策函件等；大众传播媒介主要指报刊、电影、电视等（袁方、王汉生，2015）。在本研究中，研究者将系统收集有关广东专业社会工作发展相关的各类文献资料，包括：2000 年以来历届广东省委党代会报告，历届广东省政府工作报告；历年来广东省统计年鉴，历年来广东省财政厅、民政厅工作报告；广东省社会组织管理部门、社会组织信息平台的统计数据；历年来广东关于社会工作相关的政策文件；广州、深圳两市的相关报告及专业社会工作发展政策；广东省部分专业社会服务机构的工作报告、项目总结报告、评估报告；现存有关广东专业社会工作相关的专著、研究报告、研究论文、媒体报道、干部讲话稿。

第四节　研究场域与对象

一、研究场域说明

本研究旨在以广东"双百计划"作为案例，探究中国特色专业社会工作发展模式。因此，广东省即本研究的场域。在改革开放之前，广东与中国其他省份一样，在城市实施单位体制，在农村实施人民公社体制，排斥专业社会工作，只有传统性、行政性、政治性的救助工作。广东省是率先实施改革开放的省份，毗邻港澳的区位优势不仅为广东经济发展带来先进经验，也对社会领域的发展形成有益影响。作为广东专业社会工作事业发展的主管和主导部门，省民政厅曾将广东专业社会工作发展历程划分为三个阶段（广东省民政厅，2016）。

（一）广东专业社会工作萌芽起步阶段（2006年以前）

与全国其他地方一样，2006年是广东专业社会工作发展的重要时间节点。2006年以前，专业社会工作并未被纳入广东省各级党委和政府的工作范畴，其发展处于萌芽起步阶段。得益于改革开放开风气之先，广东省较早受港澳地区及国外社会工作发展经验和理念影响，民间社会力量自20世纪90年代便开始自主尝试探索和发展专业社会工作服务。例如，广州市荔湾区逢源街道为满足居民对社区服务的需求，与香港邻舍辅导会合作开展社工服务；广州市老人院与香港圣公会合作，引入专业社工推行院舍长者服务；部分公益服务类社会组织，如广州基督教青年会（YMCA）、仁爱社会服务中心、扬爱特殊孩子家长俱乐部等民间组织开始探索提供具有社会工作元素的社会服务（广东省民政厅，

2016；广州市民政局，2016）。随着民间基层实践的推进，广州市委、市政府及有关部门及时介入、主动引导，于2005年11月出台《广州市社会工作者职业资格暂行规定》，尝试施行社会工作者职业资格制度（广州市民政局，2016）。此外，专业社会工作教育起步，自1999年开始，华南农业大学、广东商学院、中山大学、广州大学、广东工业大学等高校相继设立社会工作专业，培养社会工作专业人才，并以教师带学生专业实习的方式开展专业实践。可以说，民间社会力量自发探索的社会工作实践与社会工作专业教育的发展，为2006年之后专业社会工作在广东迅速崛起奠定了一定的基础。

（二）广东专业社会工作试点探索阶段（2006—2010年）

2006年，民政部在深圳市召开全国民政系统社会工作人才队伍建设推进会，随后广东省迅速启动专业社会工作试点探索。2009年，广东省与民政部签订《民政部广东省人民政府共同推进珠江三角洲地区民政工作改革发展协议》，明确将"率先建立现代社会工作制度""将珠江三角洲地区逐步建成社会工作发展和社会工作人才队伍建设示范区"作为推进目标。广东省统计年鉴依据经济发展状况将全省划分为四个区域，即珠三角地区、粤东地区、粤西地区和粤北山区。具体而言，珠三角地区包括广州、深圳、珠海、佛山、惠州、东莞、中山、江门和肇庆；粤东地区包括汕头、汕尾、潮州和揭阳；粤西地区包括阳江、湛江和茂名；粤北地区包括韶关、河源、梅州、清远和云浮。

首先，确定专业社会工作发展试点地区和单位。2007年，广州市荔湾区，深圳市南山区、龙岗区、盐田区，广东省少年儿童救助保护中心、广州市老人院被确定为民政部第一批试点地区和单位；2009年，东莞市、珠海市等6个地区及广东省荣誉军人康复医院等17个单位被确定为民政部第二批试点地区和单位（广东省民政厅，2016）。另外，

2007 年，深圳在全国率先出台《关于加强社会工作人才队伍建设推进社会工作发展的意见》及 7 个配套文件（简称"1+7"文件），为专业社会工作发展提供了重要的制度安排；2009 年 7 月，民政部与深圳市政府签订《推进民政事业综合配套改革合作协议》，确定深圳市为社会工作发展和社会工作人才队伍建设示范区。其次，启动政府购买社会工作服务试点。2007 年，广东省开始谋划推进政府购买社会工作服务试点。2008 年，深圳、东莞启动政府购买社会工作岗位试点，广州启动政府购买社会工作服务项目试点。深圳率先按照"政社分离、政事分开"的原则，通过招标、竞标方式向社会公益性民间组织购买服务，并以合同方式确定双方的责、权、利关系，促进公益资源的共享及合理分配，推动政府从直接"养机构、养人、办事"向购买公益性民间组织服务转变（深圳市民政局，2016），以此探索专业社工以岗位形式嵌入政府职能部门及事业单位开展专业服务的方法。2008 年，广州市海珠区投入 200 万元购买"青年地带"青少年社会工作服务项目，荔湾区投入 230 万元购买 8 个社会工作试点项目；2009 年开始，社会工作经费被纳入公共财政预算范围，当年统筹投入 2344 万元开展社会工作试点项目 33 个，涉及养老、青少年、社会救助、残障康复等领域，开启项目化购买社会工作服务的序幕（广州市民政局，2016）。再次，建立社会工作组织领导体系。2009 年，广东省民政厅成立社会工作处，广州、深圳、东莞、珠海、中山、江门等 6 市民政局先后成立社工科（处），珠江三角洲各市相继成立社会工作领导小组，加强对社会工作重大问题的决策和协调。例如，广州市 2008 年成立社会工作人才队伍建设工作领导小组，统筹领导社会工作发展；2009 年广州市民政局增设社会工作处，具体协调全市社会工作发展工作，指导从事社会工作研究、实务及管理的人员（广州市民政局，2016）。最后，发展社会工作机构及行业协会。2007 年 5 月，深圳市鹏星社会工作服务社成立，这是广东省第一家社会工作机构，到 2010 年年底，全省社会工作服务机构达到 117 家。2009 年 5 月，广州市社会工作协会成立，2010 年广东省社会工作师联合会成立，珠海、东莞等城市也相继成立市社工行业协会。

（三）广东专业社会工作全面推进阶段（2011—2016 年）

2011 年，广东省委十届九次会议专题研究加强社会建设，省委办公厅、省政府办公厅出台《关于加强社会工作人才队伍建设的实施意见》，并将"每万人持证社工人数"纳入"幸福广东"评价指标体系，广东省社会工作进入全面推进阶段。其一，建立政府购买服务制度。2008—2012 年，广东省先后出台《关于发展和规范我省社会组织的意见》《关于开展政府购买社会组织服务试点工作的意见》《关于加强全省民政系统社会工作人才队伍建设的意见》和《印发政府向社会组织购买服务暂行办法的通知》等文件，对政府购买社会服务做出制度安排。其二，全面推进政府购买服务。经过 10 多年发展，政府购买服务已成为广东省最主要的社会工作服务供给方式。广东省探索出综合项目购买、专项购买、岗位购买三种政府购买社会工作服务方式，珠三角各地普遍推行综合项目购买方式，在街道或社区建成社会工作服务平台超过 1000 个，以面向家庭、青少年、长者、弱势群体开展综合性专业服务为项目，出资委托社会工作服务机构承接运营（广东省民政厅，2016）。深圳市从 2009 年开始通过举办公益项目大赛鼓励和扶持社会工作项目发展，2011 年起大规模推进社区服务中心/社区党群服务中心建设；截至 2016 年，深圳社工服务已覆盖全市各区、街道和社区，累计通过 1700 个岗位、480 余个项目及 668 家社区党群服务中心开展专业社会工作服务（深圳市民政局，2016）。另外，2011 年广州市决定全面推进街道家庭综合服务中心建设，明确建设"综合+专项"（家庭综合服务中心+社会工作专项服务项目）的社会工作专业服务平台；借鉴新加坡和中国大陆兄弟城市、香港地区的实践经验，在总结试点探索经验的基础上，广州市确立了项目化市场化的政府购买社会工作体系，政府购买社会工作服务以项目的形式进行；2012 年年底，广州全部街道和 12 个镇共建立了 150 个家庭综合服务中心，全市财政投入政府购买服务的经费总额达到 2.95 亿元；截至 2016 年 9 月，广州共建立家庭综合服务中心 188 个，另外通过政府购买服务的方式，全市共设有失独老人服务、医务社工服务、婚姻家庭服务等 15 个专项服务项目（广州市民政局，2016）。其三，健全专业社会工作组织领导体系。广东省民政厅及广州、深圳等 9 个地级以上市民政局单独设立社会工作科，省、市、县三级成立社会工作行业协会 51 个。例如，截至 2016 年，深圳市共建立社工行业组织（社工协会）14 家（其中市级社工协会 1 家，区级社工协会 9 家，街道层级社工协会 2 家，其他类别协会与联合会 2 家）（深圳市民政局，2016）。其四，扶持发展民办社会工作服务机构。一方面，广东省降低对社会工作机构登记注册的管控门槛。广东各地普遍降低准入门槛、简化登记流程，使社会工作服务机构"落得了地"，截至 2016 年，全省社会工作服务机构达到 1163 家（广东省民政厅，2016）。例如，广州市于 2012 年率先对民办社会工作服务机构等社会组织实行直接登记制度。另一方面，广东省培育和扶持民办社会工作服务机构发展，即建立不同层级的社会组织培育孵化基地，对民办社会工作机构进行资助和奖励。珠三角地区采取设立社会组织培育基地、提供办公场地、实施开办经费"一次性资助"等方法，通过专业服务项目"以奖代补"、推行政府购买服务等措施，使社会工作服务机构"站稳脚跟"（广东省民政厅，2016）。例如，截至 2016 年，广州形成市、区、街（镇）三级社会组织培育网络，为民办社会工作服务机构提供场地支持、政策指导、后勤保障等服务，全市 39 处社会组织培育基地，共有

87 家民办社会工作服务机构入驻各级社会组织培育基地；全市财政累计投入 2085 万元对 143 家民办社会工作服务机构进行一次性资助，累计投入约 72 万元对 8 家民办社会工作服务机构的项目给予以奖代补（广州市民政局，2016）。

2016 年，广东专业社会工作发展迎来转折点。如果说 2006 年以来，广东专业社会工作发展的主流模式是政府购买服务，即政府通过合同契约委托社会服务机构提供社会工作服务；那么在 2016 年以后，广东省开始实施"双百"，专业社会工作发展的主流模式逐步转变为镇街直聘，即政府建立乡镇（街道）社工站，由乡镇（街道）直接聘用社工开展社会工作服务。"双百"是新时期中国特色专业社会工作发展的新尝试，本研究将其作为研究案例，探讨中国特色专业社会工作发展模式。

二、研究对象

在质性研究资料收集循环中，有一项重要的步骤，即寻找研究的个人或地点，以及取得进阶和建立契合关系，以便参与者愿意提供好数据；与此紧密相关的步骤是要决定立意抽样（purposeful sampling）策略，亦即基于研究目的而选取样本，以确保提供的信息得以有效回答研究问题（Creswell & Poth，2018）。鉴于此，本研究将有意识地选择那些广东"双百"社会工作发展的亲历者、参与者作为访谈对象，这些人大致包括三类，即政府干部、高校社工教育者以及社会服务机构负责人。某些干部是广东"双百"社会工作的政策主导者，某些高校社工教育者是广东"双百"社会工作的政策设计专家和督导，某些机构负责人也是广东"双百"社会工作的实务督导。这些人对广东"双百"社会工作发展有着深刻的见解。

但在研究执行过程中，原先预计访谈的几位干部均表示，碍于当前身份，无法接受本研究的访谈。因此，在本研究执行中，干部的访谈以他们公开的发言稿作为替代。干部公开发言稿情况如表4-1所示：

表4-1　干部公开发言稿

官职	姓名	时间	发言稿名称	备注
时任广东省民政厅厅长	卓志强	2017	《"双百计划"：加速全粤社会工作专业化、均衡化进程——访广东省民政厅厅长卓志强》	《中国社会工作》采访稿
同上	卓志强	2017	《在广东社工"双百计划"推进工作视频会议上的讲话》	
同上	卓志强	2020	《"双百"社工要落实好"扎根一村居，做专做精做细做实后，再逐步辐射"的服务策略》	微信公众号推文
同上	卓志强	2021	《"双百工程"让兜底民生服务更有力度、更有温度、更有准度——访广东省民政厅厅长卓志强》	《中国民政》采访稿
时任广东省民政厅副厅长	王长胜	2017	《王长胜副厅长在"双百计划"启动仪式上的讲话》	
同上	王长胜	2017	《王长胜副厅长在第六届"岭南社工宣传周"启动仪式暨"双百计划"宣讲会上的讲话》	
同上	王长胜	2018	《王长胜巡视员在2018年广东社工"双百计划"工作推进会上的讲话》	
时任省民政厅社工处处长	郑章树	2017	《再困难也要坚持》	微信公众号推文
同上	郑章树	2018	《一名前驻村工作队队长从社会工作理念谈如何做好驻村扶贫工作》	微信公众号推文

另外，本研究实际的访谈对象主要为参与"双百"的高校教师与

机构负责人。具体类型及人数如表4-2所示：

表4-2　访谈对象类型及数量

类　型	高校教师	机构负责人
数　量	12	6

三、访谈安排及实施过程

在本研究中，深度访谈包括试访谈与正式访谈两个阶段。

（一）试访谈

2022年7月底，研究者针对研究主题制定了研究同意书和研究访谈大纲。随后，研究者决定及时启动试访谈，以测试研究访谈大纲的可行性和适用性。2022年8月6日，研究者邀请首位访谈对象进行深度访谈。由于疫情防控政策，访谈不能线下面对面进行。研究者采取了折中方案，通过腾讯会议，以视频聊天的形式进行。研究者在访谈前已经让访谈对象阅读研究同意书，并说明了研究计划及研究伦理，也请访谈对象事先阅读访谈大纲。访谈围绕受访者对"双百"的认识理解，"双百"兴起的脉络以及"双百"带来的影响等三个分主题展开，访谈时长超过2小时。在试访谈结束之后，研究者及时根据访谈视频整理了访谈逐字稿，访谈字数接近22000字。

试访谈结束后，研究者进一步修正访谈大纲。研究者先以试访谈的逐字稿为基础，尝试做初步的质性数据分析，根据数据分析结果商讨访谈大纲修正的方向和内容。2022年8月14日，研究者做出了试访谈的初步分析结果。随后，研究者对访谈大纲进行了针对性调整和细化。例如，从试访谈中发现，受访者认为"双百"是对过去10年广东专业社会工作发展的改革。后续深度访谈大纲更聚焦该问题，进一步追问受访者，过去广东专业社会工作发展究竟存在什么问题以及什么地方需要进行改革。再比如,进一步细化了"双百"如何兴起这一主题的访谈提纲,更加聚焦意识形态、政治、经济、国家—社会关系、专业等具体访谈主题。同时,调整提问的方式。例如,在意识形态的脉络方面,聚焦提问"党的理论论述对双百的影响";在国家—社会关系脉络部分,则聚焦提问"政府对社会组织的态度转变如何影响双百";等等。

(二) 正式访谈

2022 年 9—10 月,研究者开始正式深度访谈。首先,研究者通过微信和邮件给潜在受访对象发送研究同意书,详细说明研究者的身份、研究的主题、对访谈对象的角色期待以及伦理原则,并征询其参与研究的意愿。其次,潜在受访对象做出同意决定之后,研究者使用微信和电子邮件向其发送访谈大纲,并协商访谈进行的具体时间和方式。访谈一般安排在访谈大纲发送之后一周,主要通过腾讯会议进行。两个月内,研究者先后对 18 位(含试访谈)对象进行了深度访谈,每个访谈时长均在1 小时以上,最长者超过 2 小时。所有受访者背景资料如表 4-3 所示:

表 4-3 受访者背景资料一览表

代码	性别	年龄	背景状况	参与时长
U1	男	35	粤西某高校社工专业教师,兼任某社工机构负责人。"双百"深度参与者。本硕博皆为社会工作专业,讲授社区工作、农村社会工作等课程	2 年
O1	男	36	曾任广州某社工机构负责人,"双百"深度参与者。社会工作专业本科、硕士毕业	6 年
U2	男	39	珠三角某高校社工专业教师,兼任某社工机构负责人,"双百"深度参与者。本硕博皆为社会工作专业,讲授社会调查研究方法等课程	2 年

代码	性别	年龄	背景状况	参与时长
U3	男	41	珠三角某高校社工专业教师，长期关注广东专业社会工作发展，资深评估专家，曾短期担任"双百"兼职督导。本硕博皆为社会工作专业	0.5年
O2	男	40	曾为某社工机构项目主管，"双百"深度参与者。社会工作专业本科毕业	5年
O3	男	38	广东某社工机构负责人，"双百"深度参与者。社会工作专业硕士毕业	1.5年
O4	女	42	广东某社工机构负责人，省民政厅社会工作与志愿服务专家组成员，"双百"参与者。社会工作专业本科毕业	6年
U4	男	53	珠三角某高校社工专业教师，兼任某社会服务评估机构负责人，省民政厅社会工作与志愿服务专家组成员，"双百"参与者。社会学专业博士，讲授农村社会工作、社会组织、项目评估等课程	5年
U5	男	39	珠三角某高校社工专业教师，兼任珠三角社工机构督导，评估专家，"双百"深度参与者。本硕博皆为社会工作专业。讲授社区工作、社区营造等课程	1年
U6	男	45	珠三角某高校社工专业教师，为"家综"服务设计者，"双百"兼职督导。心理学博士，关注农村社会工作	1年
U7	女	40	珠三角某高校社工专业教师，曾为一线社工，"双百"兼职督导。本硕皆为社会工作专业	3年

续表

代码	性别	年龄	背景状况	参与时长
O5	男	40	珠三角某社工机构副总干事，具有多年社工实务经验，"双百"兼职督导。社会工作专业本科毕业	3年
U8	男	35	珠三角某高校社工专业教师，"双百"深度参与者。本硕皆为社会工作专业	2年
O6	女	60	珠三角某社会工作协会负责人，省民政厅社会工作与志愿服务专家组成员，"双百"参与者	5年
U9	男	58	珠三角某高校社工专业教师，"双百"深度参与者。硕博为社会工作专业。讲授农村社会工作、整合社会工作等课程	6年
U10	男	36	珠三角某高校社工专业教师，曾任某社工机构项目主管，兼职督导，"双百"深度参与者。本硕为社会工作专业。关注农村及农民发展	2年
U11	男	43	某高校社工专业教师，长期关注社会工作专业化、镇街社工站建设议题。本硕博皆为社会工作专业，讲授社会工作理论	——
U12	男	40	珠三角某高校社工专业教师，曾担任"双百"兼职督导。本科为社会工作专业，硕博为社会学专业	0.5年

第五节 资料分析方法

一、一手资料分析

质性资料分析通常包含五个阶段：（1）编纂，把原始数据整理为数据库；（2）解组，把数据库的数据分解，可用编码程序进行；（3）重组，依赖研究者洞察力，找出数据浮现的模式，例如，建立数据数组；（4）诠释，针对重组的数据或数据数组，整理出自己体会的意思；（5）结论，链接诠释阶段以及主要资料或实证发现，把研究结果提高到更高的概念层次或更广泛的理念层次（Yin, 2014）。本研究的资料分析大致依据前述阶段进行。研究者对访谈所获的资料进行整理分析，进而呈现受访者对于广东"双百"社会工作模式的理解。

二、现存统计资料分析

在社会科学研究中，人们常运用各种现存的统计数据来进行自己的研究，这既可以为研究提供历史背景材料，又可以成为研究数据和数据的一种来源（袁方、王汉生，2015）。本研究将对收集到的有关广东"双百"社会工作发展的相关数据进行分析，用以描绘、呈现及分析其发展状况。

第六节 研究效度检验

质性研究致力于"理解"，从个人访视参与者，长期投入田野，探查取得详细的意义，从而达到知识的深层结构（Creswell & Poth，2018）。在研究期间或研究完成后，质性研究者会问自己："我们这样做，正确吗？"（Stake，1995）是否真有可能有一个所谓的正确答案？这些实际上涉及质性研究的效度检验问题。

一、一般效度检验

质性研究的范式和方法不同于量化研究，不能使用量化工具来评价研究效度，质性研究应关注可信赖性（trustworthy）与严谨性（rigor）（Ghafouri & Ofoghi，2016）。具体而言，林肯（Lincoln）和库巴（Guba）（1985）最早提出有别于量化研究、更适合自然主义取径的另类效度标准，即要建立研究的"可信赖性"，其操作化程序包括：可信用（credibility），通过延长投入田野的时长，执行三角检验（triangulation）来确立；可转移（transferability），使用厚实描述，确保研究发现可转移于研究者和参与者之间；可靠（dependability），寻求视情况而定的可靠，而非一成不变的信度；可证实（confirmability），寻求可证实，而不是客观度。另外，克雷斯维尔和波思（2018）提出，质性研究的"效度检验"是要评估研究发现的"真确性"（accuracy），即使用效度检验过程来评估，反映研究者、参与者相关人等的最佳陈述；效度检验策略大致可分为三大群组：研究者视角，如多元资料来源的三角检验，厘清研究者偏见，投入反身性；参与者视角，如寻求参与者回馈，延长投入田野的时间；读者或审查者视角，如启用外部稽查，同侪检核。本研究将结合前述效度检验观点，确保研究的可信赖性与真确信。具体而言，本研究将采取三角检验的方式，采取不同的资料收集方式，收集不同来源的研究资料，相互佐证。例如，本研究资料既来自一手访谈，也收集二手数据。本研究将采取参与者回馈的方式，在研究完成后，将研究文本反馈给参与者，确保参与者的观点不被扭曲；本研究还将采取同侪检核的方式，将研究计划及研究结果交由同侪进行评述，听取他们的意见建议。例如，研究者将研究计划和研究发现与同事 H 博士讨论，他熟悉广东专业社会工作发展历程，同样在台湾接受博士训练，他对本研究的分析框架提出了修改意见。

二、反身性说明

本研究探讨具有中国特色专业社会工作发展，以广东"双百计划"作为案例。过去十多年，研究者以学生、教师、督导、评估专家、机构负责人等多重角色参与广东社会工作事务，对广东专业社会工作发展较为熟悉，对其发展存在的弊端与问题较为了解。2016 年，研究者曾作为主要成员参与广东省民政厅委托的"广东社会工作十年发展"研究课题，对广东省社会工作发展状况有了较为准确的认识和清晰的判断。该课题是推动"双百"的基础性研究，因此研究者对"双百"推动的初衷、理念、目标等都较为熟悉。在"双百"发展的前期，研究者曾参与计划设计、一线社工招聘面试、督导培训、新进社工培训等工作，还直接负责阳江地区三个社工站点的督导工作。可以说，研究者是"双百"的亲历者、见证者和参与者，对"双百"抱有认同感情，对推行"双百"保持正面肯定态度。在研究者看来，2006—2016 年，广东专业社会工作虽得到大规模发展，但其本身存在不少问题。例如，广东社会工作发展不均衡，其发展主要集中在经济社会较为发达的珠三角地区，特别是在广州、深圳两座核心城市，而偏远的粤东西北地区社会工作发展落后。可以说，广东社会工作在区域、城市、城乡之间发展不平衡。另外，政府购买服务模式本身存在不完善之处，作为社会服务机构负责人，研究者对此深有体会。诸如短时间内催生大量社会工作机构，导致机构鱼龙混杂，公信力与公益性受到质疑；招投标机制不完善，项目更替与延续存在问题；购买服务经费标准多年不增长，社工人员薪资停滞，专业人员流失；在购买服务模式下，社工服务缺乏选择性、活动化；从扩大福利服务覆盖范围、拓展社会工作专业服务范围来说，特别是在粤东西北的农村地区推行"双百"、建立社工站、镇（街）直聘社工开展服务，非常值得肯定。作为社会服务机构负责人，研究者也清楚，推动"双百"可能会挤压社会服务机构承接政府购买服务的空间，但研究者仍然认为推行"双百"是必要的。"双百"是广东省民政厅主导推动的项目，尽管在"双百"的设计、执行过程中社会工作专家扮演了非常重要的角色，但其后续发展并不是专业人士能完全左右的。例如，作为"双百"最初的参与者之一，研究者很清楚，尽管"双百"是对原有政府购买服务模式存在问题的某种回应，但两者并非替代关系。研究者从不主张用镇街直聘来替代政府购买，而是希望探索多元的发展模式。从 2020 年开始，"双百计划"开始升级为"双百工程"，从单纯的民政项目上升为省政府民生工程，乡镇（街道）社工站建设从粤东西北地区扩展至全省所有地区。作为一项由省政府自上而下推动实施的政策，它势必要求统一标准，统一做法，镇街直聘变成单项选择。对"双百工程"要求乡镇（街道）社工站全部采用镇街直聘的做法，我认为社会工作发展的模式和路径应保持多元性。

第五章

多维视角下的"双百"社会工作模式

广东"双百"是掀起全国乡镇（街道）社工站建设浪潮的开端，"双百"为乡镇（街道）社工站建设提供了经验参考。自 2016 年开始酝酿，2017 年正式启动，2019 年扩张发展，2020 年转型升级，"双百"社会工作模式逐渐成形。本章共分为三节，将从多维视角阐述"双百"的样态，旨在回答何谓"双百"社会工作模式。

第一节　"双百"的迅速发展

如果说 2006 年以前，广东专业社会工作发展的主流模式是政府购买服务，即政府通过合同契约委托社会服务机构提供社会工作服务，那么在 2016 年以后，"双百"出现，广东专业社会工作发展模式出现一种新形态——政府直聘，即政府建立乡镇（街道）社工站，由基层政府直接聘用社工，提供社会服务。本节阐述"双百"是如何迅速发展的。

一、政府主导、自上而下推动"双百"
在中国，专业社会工作发展的主导者是政府。"双百"是一项专业社会工作发展计划，同样具有政府主导的特征。具体来说，"双百"兴起、发展及扩张主要由广东省民政厅主导，自上而下地推动实施。政府主导表现在制定政策和承担资金两方面。

（一）密集出台政策推进"双百"

2016 年至 2019 年，在广东省民政厅主导下，自上而下地通过密集的政策推动"双百"建设。这包括"双百"（第一批）的启动和实施与"双百"（第二批）的扩张和发展。相关政策文件内容如表 5-1 所示：

表 5-1 推动"双百"实施的政策文件

出台时间	政策文件名称	主要内容/作用
2016 年 10 月	《关于做好粤东西北地区"双百镇（街）社会工作服务站"建设运营示范项目申报工作的通知》（粤民函〔2016〕1862 号）	确立了"双百"的政策目标、任务、建设模式，标志着"双百计划"开始启动
2017 年 1 月 29 日	《关于做好"双百镇（街）社会工作服务五年计划"启动阶段有关工作的通知》（粤民函〔2017〕43 号）	要求各地落实资金、办公和服务场地，并协助做好宣传招聘工作
2017 年 5 月 31 日	《关于进一步做好粤东西北"双百镇（街）社会工作服务五年计划"有关工作的通知》（粤民函〔2017〕1210 号）	明确工作职责、工作进度、评估标准
2017 年 6 月 24 日	《关于做好"双百镇（街）社会工作服务五年计划"社工接收和签订劳动合同等工作的通知》（粤民办函〔2017〕183 号）	落实"双百"社工的合同签订和薪酬安排
2018 年 5 月	《广东社工"双百计划"岗位职责及考核评估办法》	规范"双百"社工的岗位职责
2019 年 1 月 3 日	《关于做好乡镇（街道）社会工作服务站建设运营示范项目申报工作的通知》（粤民函〔2019〕17 号）	推动实施"双百计划"（第二批）

1. 出台启动和实施"双百"的政策

2016 年 10 月，省民政厅印发《关于做好粤东西北地区"双百镇（街）社会工作服务站"建设运营示范项目申报工作的通知》（粤民函〔2016〕1862 号），计划 2017—2021 年连续 5 年资助粤东、粤西、粤北地区和惠州市、肇庆市、江门市台山、开平、恩平等地建设运营 200 个镇（街）社会工作服务站，开发 1000 个专业社会工作岗位，孵化 200 个志愿服务组织，培育 10000 名志愿者（广东省民政厅，2016a）。文件指出"双百"的任务目标包括"丰富社会工作发展路径""推动全省社工事业区域平衡发展""增强基层社会服务力量"等；值得注意的是，"丰富社会工作发展路径"这一任务目标，文件对此做了详细说明，即"推动粤东西北地区建设运营镇（街）社工服务站，依托街镇直接配备社会工作专业人才，培育一支稳定的社工队伍，扎根一线开展专业服务"。"双百"模式主张建设乡镇（街道）社工服务站，由基层政府直接聘用专业社工的做法起源于此。该文件出台标志着广东社工"双百"开始启动。2017 年 1 月 29 日，省民政厅印发《关于做好"双百镇（街）社会工作服务五年计划"启动阶段有关工作的通知》（粤民函〔2017〕43 号），要求各地落实资金、办公和服务场地，并协助做好宣传招聘工作（广东省民政厅，2017a）。2017 年 5 月 31 日，省民政厅印发《关于进一步做好粤东西北"双百镇（街）社会工作服务五年计划"有关工作的通知》（粤民函〔2017〕1210 号），明确工作职责、工作进度、评估标准。2017 年 6 月 2 日，省民政厅召开广东社工"双百"推进工作视频会，省民政厅主要领导及粤东西北地区各地市民政负责人参与会议，以行政力量推进"双百"实施。2017 年 6 月 24 日，省民政厅办公室印发《关于做好"双百镇（街）社会工作服务五年计划"社工接收和签订劳动合同等工作的通知》（粤民办函〔2017〕183 号），以落实"双百"社工的合同签订和薪酬安排。2017 年 7 月 1 日，广东社工"双百"社工服务站启动仪式在惠州市惠城区三栋镇鹿颈村举行，这象征着全省 200 个社工服务站正式启动运行。2017 年 7 月 19 日至 25 日，"双百"管理干部培训班在江门、梅州和清远分别举行了粤东、粤西、粤北三场培训。粤东西北地区 15 个地市民政局分管局领导、社会工作科科长；县（市、区）民政局分管局领导；镇（街）负责人、社会事务办负责人和地区督导中心专职督导约 550 人参加培训。此次培训旨在提高全体学员的社工工作站位，特别是改变基层领导对社工理解，站在全镇的高度去普及社会工作知识，推动当地社会工作的开展；指导社工有针对性地开展工作，用成效证明社工能为政府化解社会矛盾。用看得见的成效谋求长远的立足，用党和政府的信任以及群众的获得感、满足感去实现短期效果与长远目标的有机统一，让社工更好地服务有需要的群体，从根本上减轻基层的工作压力，争当改革推动者，不做改革绊脚石，为广东社会工作发展添砖加瓦（广东省民政厅，2017b）。2018 年 5 月，省民政厅印发《广东社工"双百计划"岗位职责及考核评估办法》，以规范"双百"社工的岗位职责。至此，"双百"（第一批）建设接近完成。

2. 出台扩张和发展"双百"的政策

2019 年开始，"双百"进入扩张发展阶段。2019 年 1 月 3 日，省民政厅印发《关于做好乡镇（街道）社会工作服务站建设运营示范项目申报工作的通知》（粤民函〔2019〕17 号），决定从 2019 年 7 月 1 日至 2024 年 6 月 30 日连续 5 年，实施"双百"（第二批），即在"双百"（第一批）基础上再建 207 个社工服务站；除了粤东西北地区，文件也鼓励珠三角地区积极申报社工站建设；其任务目标是"增强基层民政服务力量、丰富社会工作发展路径、推动全省社会工作健康发展"；其中"丰富社会工作发展路径"即"由乡镇（街道）为社会工作服务站直接聘用社会工作专业人才，拓宽社会工作人才使用方式，在实践中培养一支可信可靠可用的本土社会工作人才队伍"。（广东省民政厅，2019）这说明"双百"（第二批）仍然延续"双百"（第一批）的做法，注重乡镇（街道）社工站建设，采取基层政府直聘社工的用工模式。2019年6月至7月，"双百"（第二批）社工招聘工作和岗前培训完成。2019年7月1日，"双百"（第二批）社工服务站启动仪式在清远英德市连江口镇连樟村举行，"双百"（第二批）207个社工站正式启动，近800名社工加入"双百计划"。至此，"双百"共计建立起407个乡镇（街道）社工服务站，政府直接聘用社工人数接近1800名。2021年年初，省民政厅厅长卓志强在受访时表示：通过"双百计划"407个乡镇（街道）社工服务站，"双百"社工立足镇街、深入村居，与群众同劳动、同工作、同生活，采取"做实做细一个村（居），逐步向周边社区辐射"的模式，为困难群众和特殊群体提供社会工作服务，累计服务有需求对象超过800万人次；"双百计划"形成了很多独具地域特色的社会工作介入困难群众与特殊群体服务模式（尹冬华，2021）。

（二）各级政府共同承担"双百"所需资金

"双百"是省民政厅主导推动的项目，主要资金源是政府财政。在"双百"（第一批）实施时，"双百"曾极力争取基金会等社会资源的支持。但总体而言，"双百"主要依靠政府财政支持。省民政厅通过"示范建设""资金配套"的策略，自上而下地推动"双百"建设。在项目资金承担方面形成多方责任分摊的机制，即让各级政府共同出资，合力推动"双百"项目落地。2016年，广东省民政厅印发《关于做好粤东西北地区"双百镇（街）社会工作服务站"建设运营示范项目申报工作的通知》（粤民函〔2016〕1862号），启动"双百"（第一批）社工站建设，明确责任分摊的原则，即"从2017年起至2021年，由省、市、县三级安排资金资助粤东西北地区建设运营200个镇（街）

社工服务站"。该文件对各级政府的分摊责任、经费安排、资助标准、配套比例等做了说明：

省级资金安排。省级资助资金用于服务站聘用社工的工作补贴；2017年度按每配备一名社工人均资助5万元的标准，由省级资助资金与地方（市、县两级）资金按6∶4比例配套资金，省级资金资助每名社工3万元；考虑社工薪酬自然增长原则，从2018年起，每配备一名社工人均资助标准比上一年度增长5%，2018年至2021年人均资助标准为5.25万元、5.52万元、5.80万元、6.19万元，由省级资助资金与地方（市、县两级）资金按6∶4比例配套资金。

地方资金安排。（1）场地建设及维护费用由乡镇、街道承担；（2）市、县两级落实服务站资助配套资金，按省级资助资金与地方资金6∶4比例落实，其中，市级资金不低于地方配套资金的2/3，具体配套资金比例由各地自行确定，配套资金总量由当地实际招聘的社工人数确定；（3）服务站开展服务所需经费由市、县（县级市、区）、乡镇（街道）统筹解决，确保每个示范项目得到每年不少于3万元的服务经费（广东省民政厅，2016a）。

乡镇（街道）社工站建设和运营需要的经费主要包括三部分，即社工人员薪酬、服务经费及场地设施维护费用。按照前述文件要求，社工薪酬主要由省、市、县（县级市、区）三级政府共同承担，省级占六成，市、县级占四成；服务经费由市、县（县级市、区）、乡镇（街道）三级政府共同承担；社工站场地及站点维护费用由乡镇（街道）承担。另外，《广东省双百镇（街）社会工作服务五年计划社工招聘公告》指出"双百"的特点之一是"资金来源多元化"，除了省、市、县三级政府共同投入，还与省级基金会对接，动员社会慈善资源。

项目资金主要由省、市、县三级政府共同投入，2017年投入5000万元专门用于社工工资发放，今后每年递增5%；每年投入500万元，专门用于聘请社会工作督导。李嘉诚基金会资助 200 万元用于相关社工培训及粤东地区项目资助。今后将建立"双百计划"服务专项与省级基金会对接平台,广泛动员社会慈善组织资助支持社工站开展慈善活动(广东省民政厅,2017c)。

正如公告所言,"双百"采取资金分摊的方式,一方面让不同层级的政府各自分摊项目资金,另一方面寻求基金会的资源支持。"双百"(第一批)实施过程中,除了李嘉诚基金会资助粤东地区的发展,还有世界宣明会支持粤西地区的发展。

世界宣明会-中国基金有限公司(香港)广东代表处已获得业务主管单位广东省民政厅的批复认可,与广东绿耕社会工作发展中心达成为期三年的合作——为"双百计划"粤西地区(江门、阳江、云浮、茂名、湛江五个城市)社工服务项目,在儿童保护领域的服务及能力建设上,提供资金与技术支持。宣明会将在三年合作期内重点支持粤西地区 24 个社工站,除了提供活动资金外,还为站点在儿童保护方面的项目设计、实施、评估等方面提供建议、国际化的经验和总结,以帮助站点建立基于社区的儿童保护体系,减少社区内影响儿童的脆弱性因素,使儿童受到妥善保护,营造一个适合儿童成长的环境,从而使社区中的儿童更安全更有质量地生活(世界宣明会,2018)。

2019 年,省民政厅印发《关于做好乡镇(街道)社会工作服务站建设运营示范项目申报工作的通知》(粤民函〔2019〕17 号),启动"双百"(第二批)社工站建设。"双百"(第二批)在项目资金安排上基本沿袭了"双百"(第一批)的做法,总体上仍采取责任分摊的机制,但对粤东西北地区和珠三角地区差别对待。具体来说:

社工工资。(1)粤东西北地区首年度(2019 年度)按每配备一名社工人均资助 5 万元的标准,由省级资助资金与地方(市、县两级)资金按 6∶4 比例配套,其中省级资助每名社工 3 万元,市级资助资金应不少于地方配套资金的 2/3；考虑社工薪酬自然增长原则，从满一年工作起，次年度开始，每名社工工资比上一年度增长 5%。（2）珠三角地区配备社工的工资由所在市和县（市、区）解决，标准由地市确定并报省厅备案；考虑社工薪酬自然增长原则，从满一年工作起，次年度开始，每名社工工资比上一年度增长 5%。（3）对经济较困难但年度考核成绩好的社工站，省厅将采用以奖代补的方式给予一定的资助。服务经费。200 个社会工作服务站所需服务经费由省厅按每站每年 3 万元标准给予资助，不足部分由乡镇（街道）帮助解决。督导经费。省厅每年安排督导专项经费，用于统筹对 200 个社会工作服务站的专业督导，保障服务质量。其他经费。办公场地修缮及维护费用由乡镇（街道）承担；鼓励各地增加对社工的绩效考核奖励，完善激励机制（广东省民政厅，2019）。

在"双百"（第二批）实施中，对社工薪酬的承担责任，粤东西北地区和珠三角地区采取了不同分摊方式。粤东西北地区延续了"双百"（第一批）的做法，即由省、市、县（县级市、区）三级政府分摊，省级承担六成，市、县承担四成；珠三角地区则要求社工薪酬由市、县级政府自行解决，其标准向省厅备案。这种区别对待的方式主要基于现实财政状况考虑，粤东西北地区政府财政收入较少，省厅补助大部分社工薪酬，有助于顺利推动社工站建设和运营。受访者 U1 接受过完整的社会工作教育训练，担任粤西地区某高校社工专业教师，还兼任粤西某社工机构负责人，他认为粤东西北地区政府对社工领域投入不足，"双百"设置的省市县经费投入配比，有助于带动当地政府关注社工发展。

地方财政对社工的投入不足，需要通过省市县这种配比来间接推动粤东西北的地方政府去关注这件事情。(U1)

珠三角地区政府财政收入较多，市、县级政府有能力独自承担社工薪酬。另外，珠三角地区社工薪酬水平必定要高于粤东西北地区，区域内城市间差异较大，赋予地方自行制定薪酬标准的权限正合时宜。在服务经费部分，"双百"（第二批）与第一批明显不同，即由省厅补助社工站服务经费，不再由地方统筹解决。另外，"双百"（第二批）还明确指出督导经费由省厅承担。

二、行政与专业力量合力推动"双百"

"双百"虽是省民政厅主导的项目，但在"双百"兴起和发展的过程中，社会工作专业力量同样发挥了不容忽视的作用。总的来说，"双百"是行政与专业力量合力开启和共同推动的。这主要表现在两方面。

（一）专业力量论证"双百"的必要性

"双百"酝酿和起源于广东专业社会工作的发展改革。这场改革由行政力量主动提出，专业力量以智囊团队的形式参与，先对广东过去10年专业社会工作发展状况做总结，再提出新的专业改革发展计划。他们认为只有在总结既有经验和问题的基础上，才可能对未来改革做出恰当的规划。"双百"主要专业策划人、总督导中山大学的张和清教授对此记录道：2016年二三月间，省民政厅社工处负责人找到我，谈及广东社工发展与改革议题。我建议要超越，先调研，先把广东社工10年发展历程及其经验教训说清楚，研究透彻，经过论证再有计划有步骤地稳步推进。省厅采纳了我的建议……（张和清，2018b）

2016年3月至7月，广东省民政厅委托张和清教授、黎熙元教授团队开展"广东省社会工作十年发展"课题研究和社会工作人才队伍建设调研，全面、深入、系统地总结广东专业社会工作10年发展历程及经验教训。研究结论与省民政厅公开承认的类似，即2006—2016年广东省社会工作取得跨越式发展的成就，但面临"区域发展不够平衡""体制机制不够健全""专业效果不够明显"（广东省民政厅，2016b）

和"政策实践最后一米无法通达"（张和清、廖其能，2021a）等问题，并且建议推动粤东西北地区社会工作发展。可以说，专业团队对过往专业社会工作发展状况的研究和判断，从专业理论层面论证了启动和实施"双百"的必要性。作为"双百"的发展亲历者和专业策划者，张和清对此提道："在研究团队开始调研的过程中（三四月间），社工处找到我谈及省厅计划启动粤东西北社会工作发展的'双百计划'，一是解决广东社会工作发展珠三角地区与广大粤东西北地区区域不平衡的状况。当时听说10年来政府全省社会工作投入超过60亿，粤东西北仅占2%。二是探索专业发展尤其是广大农村地区社会工作发展的新领域和新经验（珠三角主要是城市社会工作模式）。对于推动粤东西北社会工作发展我是极力赞同，也期望贡献一份力量！"（张和清，2018b）

由此可见，"双百"的推动和实施，并非心血来潮的偶然之举，而是经过专业的研究和论证。民政部门展露出推动专业发展改革的决心和意向，社会工作专业学者及研究团队扮演了研究论证的角色，以科学研究论证了启动和实施"双百"的必要性。

（二）专业力量塑造"双百"的方向性

"双百"虽是民政厅主导推动，但其诸多发展方向都是由专业力量提出和规划的。在"双百"兴起和发展中，以张和清教授为代表的"广东绿耕社会工作发展中心"（后文简称"绿耕"）① 团队扮演着举足轻重的角色。张和清是"双百"专业发展思路的设计者和主导者，

---

① 广东绿耕社会工作发展中心（绿耕城乡互助社，Center For Advancement of Rural-Urban Sustainability）是2011年在广东省民政厅注册的专业社会工作机构，从2001年开始实践农村社会工作，2007年确立"城乡合作"的项目框架。绿耕的三大发展方向：（1）农村/民族/灾害社会工作实践项目；（2）城乡合作网络；（3）行业培训与同伴支持。绿耕的宗旨：扎根社区，精耕细作，培力弱势，彰显公义。绿耕的机构定位：（1）小而美的机构；（2）精耕细作的机构；（3）弱势优先的机构。更多详细信息，参见绿耕官方网站：http：//www. lvgeng. org/about/guanyulvgeng/。

他对"双百"的理论阐述、实践模式及服务方式的规划设定，主要源于其自身的农村社会工作实践经验，也是"绿耕"传承多年的经验。学者的"专业理想"对"双百"的兴起和发展产生了重大影响。受访者O3是广东某机构负责人，具有社会工作硕士学位，长期关注农村社会工作发展，作为"双百"参与者，他观察到"绿耕"话语和学者的专业理想对"双百"的塑造作用。

> 学者可能有自己的动力吧，通过"双百计划"把过去小尝试变成大范围推广的模式，这种对照还是比较明显。"双百"最初启动的时候，非常明显是用"绿耕"的话语，当然也是张老师的话语。张老师期待推动社工职业化。过去项目不稳定性带来的社工发展问题，他希望通过"双百"去解决。我之前跟张老师互动，半开玩笑提过，甚至希望社工的做法能对政府体制有触动，去改变政府的做法，把工作做得更实，走群众路线。（O3）

受访者U8是珠三角某高校社会工作专业教师，具有社会工作本科及硕士学位，作为"双百"参与者，他观察到专业学者——张和清教授及"绿耕"对"双百"的影响。他认为"双百"贯彻了张和清教授个人对专业社会工作及实践的理解，最初的"双百"似乎是要复制"绿耕"的做法。

由于张和清成为"双百"专业发展的设计者，从某种意义上说，"绿耕"农村社会工作实践的经验便成为"双百"的参考范式。在广东乃至全国，"绿耕"都算是比较另类的社会工作服务机构，它所倡导和践行的理念和工作模式与一般政府购买服务模式下的机构相当不同。谈及"双百"起源，张和清直言它继承了"绿耕"农村社会工作的实践传统，包括"双百"对农村社区的偏好、对选点原则的确定、对驻守村居的强调、对弱势优先理念的坚持等。

> 推动"双百"发展，它继承了之前我们做农村社会工作的一些传

统，大部分都是村。选村都是像"绿耕"那样去选，共有三个原则：落在村居，问题导向，方便群众。第二批还是继承了这个传统，增加了207个。现在选点已经结束，社工站跟服务点有机地配合，站设在镇街，事务岗要在民政事务办的服务窗口为民服务，服务点就设在村居，全覆盖，一定要服务岗在村居，这都是继承传统。（U9）

从专业角度上说是继承"绿耕"的传统，"绿耕"从云南大山深处做起，经历汶川地震，在震中的张家坪，就是在爆发点那里建社工站，跟那些伤心母亲一起行动。后来又到最偏僻的草坡乡，跟那些少数民族在一起。"双百"跟"绿耕"的传统关系很大。我们来中大之后，最早推动农村社会工作，从化那个点也是我们开车选出来的，是去驻村的。仙娘溪、乐民，那是个空心村，社工站设在废弃主屋里，最后把它变成乡村旅社，变成可持续生计项目。它跟这些传统有关。（U9）

"双百"继承了"绿耕"农村社会工作实践的传统，那"绿耕"的传统具体是什么？源自何处？"绿耕"的传统源自香港理工大学第一届 MSW 班的农村社会工作实习项目，他们的站点选择深入偏远农村，服务策略强调社区为本，主张与弱者同行，将农村社会工作实践与社区睦邻运动和慈善组织会社的传统连接起来。

"绿耕"开始选平寨是阮太①主张，就是国际社会工作的经验，睦

---

① 即阮曾媛琪，香港特别行政区知名社会工作学者。1975 年获香港大学社会科学（社会工作）荣誉学士学位，1978 年获多伦多大学社会工作荣誉硕士学位，1983 年于曼彻斯特大学取得教育硕士学位，1995 年于香港大学取得哲学博士学位。阮曾媛琪先后于香港树仁大学、新加坡国立大学任教。1986 年加入香港理工大学，任教于应用社会科学系。2004 年至 2010 年任该系主任，2007 年至 2010 年担任香港理工大学协理副校长，其后晋升为副校长，专责理大中国内地及国际发展、学院发展及合作事宜。阮曾媛琪积极参与香港社会服务，曾为全职社工，曾担任香港社会工作人员协会主席。阮曾媛琪曾任亚太区社会工作教育协会义务秘书，2008 年至 2012 年曾担任国际社会工作教育联会（IASSW）主席，是该协会成立 80 年来第一位来自亚洲的主席，积极促进发展中国家的社会工作教育。

邻运动和慈善组织会社的传统。当时阮太到云南去选点,我找我的朋友,他当县长,我们进去那个点也是阮太选出来的。从师宗县下到五龙乡,再下到少数民族的村,山高路远。阮太亲自去,她也是做社区工作出来的。当时我不明白为什么要这样选,后来明白这跟睦邻运动、慈善组织会社是高度一致的。睦邻运动就是社区为本,慈善组织会社就是通过入户把慈善资源传递给最需要的人,它跟整个国际社会工作的传统是一致的。中国第一个农村社会工作的点,实际上体现了两个原则:第一个是落地生根,就是党的群众路线;第二个是把睦邻运动和慈善组织会社的优良传统的价值理念引入中国。(U9)

如受访者所述,"绿耕"开创的中国第一个农村社会工作实践项目,实际上包含了两个原则:第一是强调实践要落地生根,深入基层,张和清将其归纳为践行中国共产党的群众路线;第二是强调将社区睦邻运动和慈善组织的价值理念,诸如扎根社区、与贫民同在、社区教育、精准识别需求等,引入中国的实践之中。以张和清为代表的专业力量,将"绿耕"的实践经验融入"双百"的设计和实施之中,这塑造了"双百"模式的诸多发展方向。这除了专业力量本身具有的独特魅力之外,更重要的是,这股专业力量对专业的定位和认知、专业实践理念、模式及策略等得到了省民政厅的认可和支持,愿意在"双百"中做出改革尝试。因此,可以说是行政力量与专业力量合力推动"双百"的实施。

三、迅速扩张"双百"的规模

如前述,"双百"是政府主导、自上而下推动的项目。众所周知,自上而下取向的突出优势是高效率。特别是"双百"成为民政厅"一把手"工程之后,其推动的力度、速度和广度都是空前的,发展尤为迅速。从 2016—2020 年,"双百"快速经历了"双百"(第一批),"双百"（第二批）和"双百工程"三个阶段，其规模迅速扩张。这主要表现在社工站与社工人才两方面。

（一）快速扩张"双百"社工站

"双百"启动以来，社工站建设快速扩展，一方面是社工站数量快速增长，另一方面是社工站覆盖范围快速扩大。

1."双百"（第一批）社工站集中在粤东西北地区

2017年，"双百"（第一批）正式启动。此阶段社工站主要分布在粤东、粤西、粤北地区和惠州市、肇庆市、江门市的部分县区，而珠三角地区其他主要城市，如广州、深圳、珠海、东莞、佛山、中山等尚未出现社工站。

表5-2显示了"双百"（第一批）社工站在不同区域和城市的具体数量分布。"双百"（第一批）在全省共建设200个社工站，每市平均建设约9.52个。从区域上看，珠三角大部分城市均没有参与，只有3个城市共建设社工站46个，占全省的23%，每市平均约为5.11个；粤东地区共建设42个，占全省的21%，每市平均为10.50个；粤西地区共建设34个，占全省的17%，每市平均约为11.33个；粤北地区共建设78个，占全省的39%，每市平均为15.60个。总体而言，"双百"（第一批）在粤东西北地区共建设社工站154个，占全省的77%。另外，"双百"（第一批）所有社工站中，街道社工站为62个，占全省的31%，乡镇社工站为138个，占全省的69%。前述数据分布表明，"双百"（第一批）社工站主要集中在粤东西北地区和乡村地区。

表5-2 "双百"（第一批）社工站分布

区域	城市	社工站数量	街道社工站数量	乡镇社工站数量	区域内状况
珠三角地区	广州市	0	0	0	珠三角地区共建设46个，占全省的23%，每市平均约为5.11个
	深圳市	0	0	0	
	珠海市	0	0	0	
	佛山市	0	0	0	
	东莞市	0	0	0	
	中山市	0	0	0	
	惠州市	18	2	16	
	江门市	10	2	8	
	肇庆市	18	6	12	
粤东地区	汕头市	16	11	5	粤东地区共建设42个，占全省的21%，每市平均为10.50个
	潮州市	10	1	9	
	汕尾市	8	3	5	
	揭阳市	8	2	6	
粤西地区	阳江市	10	3	7	粤西地区共建设34个，占全省的17%，每市平均约为11.33个
	茂名市	9	6	3	
	湛江市	15	6	9	
粤北地区	梅州市	20	5	15	粤北地区共建设78个，占全省的39%，每市平均为15.60个
	河源市	7	1	6	
	清远市	16	4	12	
	韶关市	22	4	18	
	云浮市	13	6	7	
合计		200	62	138	街道社工站占31%，乡镇社工站占69%

资料来源：研究者根据"双百"（第一批）招聘公告信息整理。

2."双百"（第二批）社工站扩展至珠三角地区

2019 年，"双百"（第二批）正式启动。社工站分布已从粤东西北地区扩展至除广州和深圳以外的省内所有城市。

表 5-3 显示了"双百"（第二批）社工站在不同区域和城市的具体数量分布情况。

表 5-3 "双百"（第二批）社工站分布

区域	城市	社工站数量	街道社工站数量	乡镇社工站数量	区域内状况
珠三角地区	广州市	0	0	0	珠三角地区共新增 44 个，约占全省的 21%，每市平均约为 4.9 个
	深圳市	0	0	0	
	珠海市	5	2	3	
	佛山市	5	3	2	
	东莞市	6	0	6	
	中山市	2	1	1	
	惠州市	9	4	5	
	江门市	7	4	3	
	肇庆市	10	0	10	
粤东地区	汕头市	14	7	7	粤东地区共新增 48 个，约占全省的 23%，每市平均为 12 个
	潮州市	13	0	13	
	汕尾市	13	3	10	
	揭阳市	8	1	7	
粤西地区	阳江市	14	2	12	粤西地区共新增 46 个，约占全省的 22%，每市平均约为 15.3 个
	茂名市	15	3	12	
	湛江市	17	3	14	

区域	城市	社工站数量	街道社工站数量	乡镇社工站数量	区域内状况
粤北地区	梅州市	16	0	16	粤北地区共新增69个，约占全省的33%，每市平均约为13.8个
	河源市	12	1	11	
	清远市	17	0	17	
	韶关市	12	2	10	
	云浮市	12	0	12	
合计		207	36	171	街道社工站约占17%，乡镇社工站约占83%

资料来源：研究者根据"双百"（第二批）招聘公告整理。

如表5-3所示，"双百"（第二批）在全省共计新增207个社工站，每市平均新增约9.9个。从区域上看，珠三角地区新增44个，约占全省的21%，珠三角地区每市平均新增约4.9个，远低于全省平均水平；粤东地区新增48个，约占全省的23%，每市平均新增12个；粤西地区新增46个，约占全省的22%，每市平均新增约15.3个；粤北地区新增69个，约占全省的33%，每市平均新增约13.8个；粤东西北地区每市平均新增数量均高于全省平均水平。总体而言，"双百"（第二批）在粤东西北地区新增社工站163个，约占全省的79%。另外，"双百"（第二批）所有社工站中，街道社工站为36个，约占全省的17%，乡镇社工站为171个，约占全省的83%。前述数据分布说明，"双百"（第二批）新增的社工站仍然主要集中在粤东西北地区和乡村地区。

表5-4显示了"双百"（两批）社工站在不同区域和城市的具体数量分布情况。

表 5-4 "双百"社工站分布

区域	城市	社工站数量	街道社工站数量	乡镇社工站数量	区域内状况
珠三角地区	广州市	0	0	0	珠三角地区共建设 90 个社工站,每市平均为 10 个
	深圳市	0	0	0	
	珠海市	5	2	3	
	佛山市	5	3	2	
	东莞市	6	0	6	
	中山市	2	1	1	
	惠州市	27	6	21	
	江门市	17	6	11	
	肇庆市	28	6	22	
粤东地区	汕头市	30	18	12	粤东地区共建设 90 个,每市平均为 22.5 个
	潮州市	23	1	22	
	汕尾市	21	6	15	
	揭阳市	16	3	13	
粤西地区	阳江市	24	5	19	粤西地区共建设 80 个,每市平均为 26.7 个
	茂名市	24	9	15	
	湛江市	32	9	23	
粤北地区	梅州市	36	5	31	粤北地区共建设 147 个,每市平均为 29.4 个
	河源市	19	2	17	
	清远市	33	4	29	
	韶关市	34	6	28	
	云浮市	25	6	19	
合计		407	98	309	街道社工站约占 24%,乡镇社工站约占 76%

资料来源:研究者根据"双百"(两批)招聘公告整理。

如表 5-4 所示,两批"双百"实施以来,全省共建设社工站 407 个,每市平均有 19.4 个。从区域上看,珠三角地区共建设 90 个,约占全省的 22%,每市平均有 10 个,远低于全省平均水平;粤东地区共建设 90 个,约占全省的 22%,每市平均为 22.5 个;粤西地区共建设 80 个,约占全省的 20%,每市平均约为 26.7 个;粤北地区共建社工站 147 个,约占全省的 36%,每市平均为 29.4 个。总体而言,"双百"在粤东西北地区共建社工站 317 个,约占全省的 78%。另外,"双百"所有社工站中,街道社工站为 98 个,约占全省的 24%,乡镇社工站为 309 个,约占全省的 76%。前述数据分布情况说明,"双百"在粤东西北地区建设社工站的力度远大于珠三角地区。这也说明"双百"是广东省尝试扭转过去十多年专业社会工作不均衡发展的局面,推动全省专业社会工作平衡发展的举措。

3. "双百工程"社工站实现全省全覆盖

2020 年,"双百计划"开始升级为"双百工程",预计全省所有乡级行政区划单位都要建立社工站,全省社工站的数量和覆盖范围将大幅扩张。表 5-5 显示了截至 2021 年 5 月"双百工程"的社工站分布情况。

表 5-5　2021 年"双百工程"社工站分布

区域	城市	社工站数量	街道社工站数量	乡镇社工站数量	区域内状况
珠三角地区	广州市	—	—	—	珠三角地区(广州、中山数据暂缺)共建设 328 个,约占全省的 28%,每市平均约为 46.86 个
	深圳市	22	22	0	
	珠海市	25	10	15	
	佛山市	28	8	20	
	东莞市	33	4	29	
	中山市	—	—	—	
	惠州市	46	16	30	
	江门市	72	12	60	
	肇庆市	102	15	87	

续表

区域	城市	社工站数量	街道社工站数量	乡镇社工站数量	区域内状况
粤东地区	汕头市	55	26	29	粤东地区共建设 229 个，约占全省的 19%，每市平均为 57.25 个
	潮州市	45	4	41	
	汕尾市	41	7	34	
	揭阳市	88	19	69	
粤西地区	阳江市	49	10	39	粤西地区共建设 230 个，约占全省的 19%，每市平均约为 76.67 个
	茂名市	85	18	67	
	湛江市	96	25	71	
粤北地区	梅州市	99	6	93	粤北地区共建设 404 个，约占全省的 34%，每市平均为 80.80 个
	河源市	99	5	94	
	清远市	80	5	75	
	韶关市	71	4	67	
	云浮市	55	7	48	
合计		1191	223	968	街道社工站约占 19%，乡镇社工站约占 81%

资料来源：研究者根据 2021 年"双百工程"招聘公告整理。

如表 5-5 所示，"双百工程"社工站几乎遍布全省所有城市。从区域上看，珠三角地区共建设社工站 328 个，约占全省的 28%，粤东地区共建设 229 个，约占全省的 19%，粤西地区共建设 230 个，约占全省的 19%，粤北地区共建设 404 个，约占全省的 34%。总体而言，在"双百工程"中，粤东西北地区共建设社工站 863 个，约占全省的 72%。这说明，"双百工程"在一定程度上扭转了粤东西北地区社会工作落后珠三角地区的状况。另外，全省所有社工站中，街道社工站约占 19%，乡镇社工站约占 81%。这说明，"双百工程"有助于强化乡村地区的社会工作服务。

4."双百"社工站的总体规模

从"双百计划"到"双百工程",对"双百"社工站的总体数量状况,研究者未曾掌握确切数据,只是根据现有资料做了大致整理,但也能反映出,社工站迅速扩展的事实(如图5-1所示)。

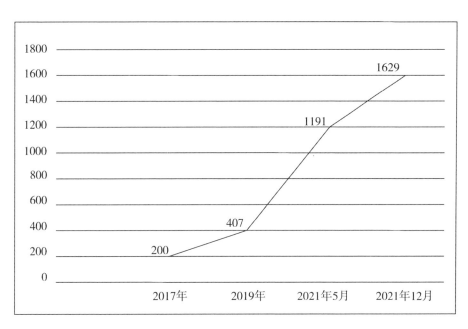

图5-1 "双百"社工站数量变化情况

如图5-1所示,"双百"(第一批)全省共建设200个,"双百"(第二批)新增了207个,2021年5月"双百工程"共建成1191个,2021年年底预计全省共建成1629个。因此,从社工站的数量和覆盖范围上看,"双百"的推动极为迅速。

另外,值得注意的是,"双百"(第一批)主要集中在粤东西北地区的偏远乡村,仅涉及珠三角地区3个城市部分县区,而"双百"(第二批)进一步扩展了覆盖范围。这主要表现在两方面:其一，粤东西北地区乡镇（街道）社工站建设规模进一步扩大；其二，乡镇（街道）社工站建设大幅扩展到珠三角地区。这说明"双百"的覆盖和影响范围开始从偏远的粤东西北地区向全省所有区域蔓延。2020年，广东省"双百计划"升级为"双百工程"，要求全省所有乡镇（街道）均建立社工站，由乡镇（街道）直接聘用社工提供服务。这意味着以镇街直聘、建立社工站的发展模式从粤东西北地区扩展至全省所有地区，从偏远乡村地区扩展至发达城市地区。

（二）急速扩张"双百"社工人力

"双百"的迅速推动还表现在社工人力配备急速扩张。从"双百"（第一批）到"双百"（第二批），再到"双百工程"，"双百"所需的专业人力配备数量在短时间内大幅提升。

1."双百计划"的社工人力配备

根据2016年广东省民政厅印发《关于做好粤东西北地区"双百镇（街）社会工作服务站"建设运营示范项目申报工作的通知》（粤民函〔2016〕1862号）要求，每个社工站应配备3~8名社工，"双百"（第一批）预计需要1000名社工，最终实际招聘940名。2019年，广东省民政厅印发《关于做好乡镇（街道）社会工作服务站建设运营示范项目申报工作的通知》（粤民函〔2019〕17号）同样要求每个社工站配备3~8名社工，"双百"（第二批）预计需要1000名社工，最终实际招聘797名。"双百"（两批）社工人力配备状况如表5-6所示。

表5-6 "双百"社工人力配备

区域	城市	社工站数	社工人数	平均每站的社工数	区域内状况
珠三角地区	广州市	0	0	0	珠三角地区每站平均配备约4.41名社工
	深圳市	0	0	0	
	珠海市	5	15	3.00	
	佛山市	5	44	8.80	
	东莞市	6	20	3.33	
	中山市	2	10	5.00	
	惠州市	27	110	4.10	
	江门市	17	78	4.59	
	肇庆市	28	120	4.30	
粤东地区	汕头市	30	129	4.30	粤东地区平均每站配备约4.12名社工
	潮州市	23	99	4.30	
	汕尾市	21	73	3.50	
	揭阳市	16	70	4.40	
粤西地区	阳江市	24	102	4.25	粤西地区平均每站配备约4.61名社工
	茂名市	24	113	4.71	
	湛江市	32	154	4.81	
粤北地区	梅州市	36	140	3.89	粤北地区平均每站配备约4.08名社工
	河源市	19	73	3.84	
	清远市	33	148	4.48	
	韶关市	34	131	3.85	
	云浮市	25	108	4.32	
合计		407	1737	4.27	——

资料来源：研究者根据"双百"（两批）招聘公告整理。

如表5-6所示，"双百"（两批）共建设407个社工站，共配备

1737 名社工，平均每个社工站配备约 4.27 名社工。具体来说，珠三角地区平均配备约 4.41 名，粤东地区平均配备约 4.12 名，粤西地区平均配备约 4.61 名，粤北地区平均配备约 4.08 名。从社工站配备社工人数上看，珠三角地区和粤西地区较为接近，都高于全省平均水准，而粤东和粤北地区则低于全省平均水准。尽管珠三角地区社工站配备社工人力略高于全省平均水准，但若考虑珠三角地区的经济社会条件和原有的社会工作发展基础，正好从侧面说明，珠三角地区对"双百"的推动力度和积极程度并不足够，只是达到了基本要求。

2. "双百工程"的社工人力配备

2021 年，"双百计划"升级为"双百工程"，这对社工站的人力配备做出新安排。

乡镇（街道）社会工作服务站（点）人员由乡镇人民政府（街道办事处）直接聘用和管理，具体人数由各地结合实际确定，原则上事务性岗位人数不少于 2 人、服务性岗位人数不少于乡镇（街道）所辖村（居）数量，有条件的地方可适当提高配备标准，确保服务需求得到保障。（广东省民政厅，2020、2021a）

"双百工程"要求实现全省乡镇（街道）社工站全覆盖，全省村（居）社工服务全覆盖。2021 年，全省共有乡级行政区划单位（包括镇、乡、民族乡、街道办）1609 个，行政村（社区居委会）26011 个。如前所述社工人力配备标准测算，若完整实施"双百工程"预计需要配备社工人才接近 3 万名。正如省民政厅宣称那样：组织实施"双百工程"……部署用 2 年时间打造一支规模近 3 万人的基层社会工作人才队伍，协助政府精准识别兜底保障对象，有效落实保障政策，彻底解决基层兜底民生服务力量不足的难题（广东省民政厅，2021d）。

根据 2021 年 5 月省民政厅发布的《关于 2021 年公开招聘"广东兜底民生服务社会工作双百工程"乡镇（街道）社会工作服务站社工的

公告》，可测算出 2021 年"双百工程"社工人力配备状况，具体情况
如表 5-7 所示。

表5-7 2021 年"双百工程"社工人力配备

区域	城市	社工站数	社工人数	平均每站的社工数	区域内状况
珠三角地区	广州市	—	—	—	珠三角地区（广州、中山数据缺失）城市内部差异极大，但平均每个社工站配备约 6.81 名社工
	深圳市	22	43	1.95	
	珠海市	25	101	4.04	
	佛山市	28	399	14.25	
	东莞市	33	610	18.48	
	中山市	—	—	—	
	惠州市	46	187	4.07	
	江门市	72	417	5.79	
	肇庆市	102	478	4.69	
粤东地区	汕头市	55	201	3.65	粤东地区平均每个社工站配备约 5.04 名社工
	潮州市	45	158	3.51	
	汕尾市	41	157	3.83	
	揭阳市	88	639	7.26	
粤西地区	阳江市	49	283	5.78	粤西地区平均每个社工站配备约 4.30 名社工
	茂名市	85	285	3.35	
	湛江市	96	422	4.40	
粤北地区	梅州市	99	370	3.74	粤北地区平均每个社工站配备约 4.91 名社工
	河源市	99	785	7.93	
	清远市	80	558	6.98	
	韶关市	71	148	2.08	
	云浮市	55	123	2.24	
合计		1191	6364	5.34	——

资料来源：研究者根据 2021 年"双百工程"招聘公告整理。

如表 5-7 所示，2021 年"双百工程"所属的 1191 个社工站，共计需要配备 6364 名社工人才，平均每个社工站大约需要配备 5.34 名。不同城市的社工站人力配备差异性较大，最低的平均配备约 1.95 名，最高的平均配备约 18.48 名，最低与最高都出现在珠三角地区。就区域而言，珠三角地区高于全省平均水平，粤东地区接近全省平均水平，粤西地区与粤北地区低于全省平均水平。

2022 年，"双百工程"继续配备社工人力。根据《关于 2022 年公开招聘"广东兜底民生服务社会工作双百工程"乡镇（街道）社会工作服务站社工的公告》可测算出 2022 年"双百工程"社工人力配备状况，具体情况如表 5-8 所示。

表 5-8　2022 年"双百工程"社工人力配备

区域	城市	社工站数量	社工人数	平均每站社工数	备注
珠三角地区	广州市	6	7	1.17	广州、深圳社工站数量少，社工人数也少，远低于全省平均水平
	深圳市	2	3	1.50	
	珠海市	25	284	11.36	珠三角地区不同城市间差异极大，平均每个社工站配备约 11.33 名
	佛山市	31	351	11.32	
	东莞市	23	55	2.39	
	中山市	23	230	10.00	
	惠州市	76	1221	16.07	
	江门市	74	874	11.81	
	肇庆市	102	1075	10.54	
粤东地区	汕头市	64	716	11.19	粤东地区平均每个社工站配备约 11.82 名
	潮州市	47	802	17.06	
	汕尾市	50	482	9.64	
	揭阳市	90	968	10.76	

区域	城市	社工站数量	社工人数	平均每站社工数	备注
粤西地区	阳江市	47	415	8.83	粤西地区平均每个社工站配备约11.75名
	茂名市	112	1653	14.76	
	湛江市	118	1188	10.07	
粤北地区	梅州市	113	1597	14.13	粤北地区平均每个社工站配备约9.86名
	河源市	92	552	6.00	
	清远市	82	636	7.76	
	韶关市	104	1085	10.43	
	云浮市	63	606	9.62	
合计		1344	14800	11.01	——

资料来源：研究者根据 2022 年"双百工程"招聘公告整理。

如表 5-8 所示，2022 年"双百工程"所属的 1344 个社工站，共计需配备 14800 名社工，平均每个社工站要配备约 11.01 名社工。不同城市社工站人力配备差异较大，最低的是广州，平均配备约 1.17 名，最高的是潮州，平均配备约 17.06 名。就区域而言，珠三角地区、粤东地区与粤西地区社工人力配备均高于全省平均水平，粤北地区则低于全省平均水平。到"双百工程"阶段，"双百"已上升为广东省政府的民生工程，珠三角地区推动"双百"的积极性和力度已经大幅提升，社工站配备社工数量已经赶上并超越全省平均水准。

3. "双百"总体人力配备状况

对"双百"整体的人力配备情况，研究者未能掌握确切的数据，只是根据现有公开资料做出大致测算。如图 5-2 所示，2017 年正式启动以来，"双百"所需配备社工人力迅速增长。

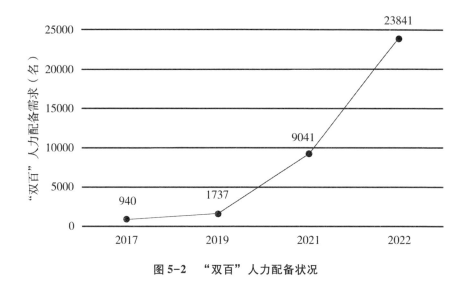

图 5-2 "双百"人力配备状况

从 2017 年"双百"(第一批)所需近 1000 名,到 2019 年"双百"(第二批)实施时近 2000 名,再到 2021 年"双百工程"所需超 9000 名,若"双百工程"全部配置完成则接近 3 万名。

四、小结

本节系统性地阐述了"双百"是如何迅速发展的。包括三方面:其一,"双百"是在广东省民政厅主导下,自上而下迅速推动发展的,这既表现在省民政厅通过出台密集的政策推动"双百"的实施,也表现在省民政厅通过示范建设和资金配套的方式让各级政府共同承担起"双百"项目资金。其二,"双百"是行政力量和专业力量合力推动发展的,既表现在专业力量参与了"双百"的前期论证研究,从专业理论视角指出了"双百"的必要性,又表现在专业力量通过专业的实践经验对"双百"发展的方向产生影响。其三,"双百"发展极为迅速,既表现在"双百"社工站的覆盖范围从粤东西北地区扩张至珠三角地区,再迅速扩展至全省所有区域,又表现在"双百"所配备社工人才数量迅速扩张。

第二节 "双百"的多维要素

"双百"自 2016 年酝酿,2017 年启动,2019 年扩张,形成了独特的专业社会工作发展模式。"双百"社会工作模式因其独特的要素与广东 2006 年以来所形成的政府购买社会工作服务模式形成了鲜明的对照。本节阐述"双百"模式的多维要素。

一、理论基础:中西结合

"双百"是一项专业社会工作发展项目,其设计与施行都有指引性的理论基础,蕴含着特定的价值观念。"双百"主要专业策划人、总督导张和清教授阐述了"双百"的理论来源,具体交代了"双百"的三个理论源泉。

借鉴国际社会工作发展的初心、使命和行动经验以及"绿耕"过去二十年中国本土社会工作尝试的经验与教训,"双百计划"从社会工作的三个源头汲取理论源泉和专业力量:一是睦邻运动扎根社区、建立社区中心,从而与贫困户一起摆脱困苦,再造美好社区的实验和经验;二是慈善组织会社对贫困户进行大规模"家庭友好访问",传递真诚温暖的社会心理支持的同时,监督协力国家福利资源精准输送,雪中送炭,维护社会公正;三是中国共产党群众路线的优良传统(张和清,2018a)。

张和清关于"双百"的三个理论源泉的阐述说明,"双百"的专业设计者将西方社会工作专业传统与中国本土思想理念杂糅到一起,即将社区睦邻运动深入社区、与贫困户同在同行的观念,慈善组织会社的入户访问、精准评估需求的理念,以及中国共产党一直强调的群众路线理念统合起来，共同作为"双百"的理论基础。

另外，张和清在其他推文中还提道："中国历史上投身社区和平民教育最为彻底者莫过于民国年间晏阳初的河北定县乡村建设运动。乡建最为响亮的口号是'要化农民，先要农民化'；最为彻底的做法是'知识分子举家迁往农村'……这是壮士断腕的勇气。尽管'双百'社工做不到举家进村（居）、身体力行地'化农民'，但'双百'至少必须坚守睦邻运动和慈善组织会社'驻村入户'的社会工作模式，重拾党的群众路线"（张和清，2017）。

显然，从其论述可知，"双百"的专业设计者将我国 20 世纪 30 年代兴盛的平民教育及乡村建设运动同样视为可供参考学习的对象，并找到了它与睦邻运动、慈善组织会社以及党的群众路线的结合点，即都强调驻村入户、深入农村。所以，乡村建设运动同样被视为"双百"汲取专业合法性的理论源头之一。

在当前中国，推动源于初心和社区日常生活的专业个案工作和社区工作就是利用西方社会工作专业知识体系重拾党的群众路线（西学为用），而基于党的群众工作经验和村居本土文化互助经验及治理传统，创造中国最接地气的本土化的专业社会工作知识体系和社区社会组织培力做法（中学为体），已经成为双百计划的践行和使命（张和清，2018a）！

张和清关于"双百"的践行和使命的阐述，提及了社会工作专业的"西学为用"与"中学为体"，实质上是要通过"双百"探索一种更加具有本土化、中国化的专业社会工作实践模式。基于这样的使命定位，"双百"在理论借鉴上站在中西结合的立场，既维系西方专业社会工作的传统，又要找到本土社会工作实践的结合点，前者是要回应外界对"双百"的理论性和专业性的质疑，后者是要消解外界对社会工作的安全性和认受性的疑虑。显然，中西结合的理论基础是基于实用主义的工具性表达，未曾详细考察和辨别这些不同传统的具体脉络和彼此间的差异，也未曾考虑这些不同传统之间的兼容性。这种简单的杂糅统合，虽有助于快速建立"双百"的专业理论基础，但无法经受住严谨的理论检验。所以，若严格地说，"双百"的理论基础并没法归类到某种经典的、具体的理论框架之下。

"双百"的理论基础对"双百"的实践具有指引性，这些理论基础透露出"双百"所秉持的专业价值观念。具体包括三方面：一是弱势优先的价值观，包括服务对象与服务区域的弱势优先。前者指社会工作聚焦困难群众和特殊群体的问题需求，最大限度为老弱病残、鳏寡孤独、"三留守"等边缘困难群众提供兜底民生保障服务；后者指社会工作聚焦边缘社区，通过组织与能力建设的赋权策略，推动社区共治发展。二是社区为本的价值观，一方面是"双百"社工和督导都必须坚守村居社区阵地，推动社区个案救助和社区协同共治发展；另一方面是"项目办、地区中心、社工站、村居民"组成学习型社群，共创社区内源性可持续发展。三是社会公正的价值观，"双百"社会工作作为全球专业社会工作的一分子，应遵守社会公正的价值观（张和清、廖其能，2021a）。这种专业理念落实到具体实践要求：从睦邻运动重拾专业社区工作，逐步迈向社区能力建设和社区自治的前提条件必须是社工驻守村居，与社区民众打成一片，建立牢固的群众基础。而社工驻守村居之后入户探访，运用国家社会福利政策资源对民政对象和弱势群体实施个别化和差异化的个案救助等做法是专业合法性根基（张和清，2018a）。

关于"双百"理论基础和专业价值观的论述进一步暗示了"双百"可能采取的工作模式、服务理念和实践策略，诸如驻守村居、弱势优先、政策实践和个案救助等。

二、用工模式：政府直聘

"双百"采用政府直聘的用工模式，即由基层政府直接聘用专业社工开展服务。这与过去十几年，珠三角地区盛行的政府购买社会工作服务模式显著不同。卓志强接受媒体采访时谈及了"双百"的用工模式："双百计划"的实施是由当地镇政府、街道办与社工签订劳动合同（颜小钗、李卫湘，2017）。

另外，大部分受访者皆认为镇街直聘是两种模式最直观的差异。受访者 U12 是珠三角地区某高校社会工作专业教师，具有社会工作本科及社会学博士学位，长期关注珠三角地区专业社会工作发展，作为"双百"早期参与者，他观察到"双百"用工模式与购买服务模式的不同。

"双百"是直聘模式，街镇跟社工签合同，但它不纳入编制。跟居委会不太一样，因为居委会是有居委专干编制，"双百"社工其实没有被纳入编制范畴。它既不是事业编，又不是公务员编，它变成了一个街镇跟社工签的人事合同，等于街镇聘了一批社工来开展社会工作服务。它跟政府购买服务也不一样，因为购买服务是由社会组织来聘人。"双百"基本上把组织层面给去掉了，变成街镇直接聘社工，以社工站的名义去开展服务，以前是组织承接服务。（U12）

受访者 U4 是珠三角某高校社工专业教师，兼任某社会服务评估机构负责人，长期从事社会工作和社会组织评估，对政府购买服务实践很熟悉。作为"双百"参与者，他观察到两者的不同。

总体上来讲它和传统模式不一样。过去一般委托社会工作机构来承接政府的服务，由社工机构对社工进行管理，但"双百"模式发生了很大的变化，这是一个创新吧，由政府部门直接购买社工岗位。（U4）

"双百"用镇街直聘的方式来确保社工有位有为，只有先保证有专业社工岗位，才能让专业社工在岗位上发挥作用。若无法保证社工岗位的持续稳定，那必然无法谈及专业作用的发挥，有位是有为的前提条件。

（一）镇街聘用社工

由乡镇（街道）直接聘用社工人才是"双百"一以贯之的做法，从"双百计划"到"双百工程"都是如此。"双百"（第一批）实施时提道：……依托街镇直接配备社会工作专业人才，培育一支稳定的社工队伍，扎根一线开展专业服务（广东省民政厅，2016a）。"双百"（第二批）实施时指出：由乡镇（街道）为社会工作服务站直接聘用社会工作专业人才，拓宽社会工作人才使用方式（广东省民政厅，2019）。"双百工程"实施时也指出：乡镇（街道）社会工作服务站（点）人员由乡镇人民政府（街道办事处）直接聘用和管理（广东省民政厅，2020）。

（二）与社工签订长期合约

"双百"相较于原来的政府购买服务有一个很大不同，即"双百"实施周期较长，同时与社工签订长期合同，这有助于维持社工从业岗位的稳定性。"双百"（第一批）与"双百"（第二批）实施时都提道：项目一经立项，原则上每个项目资助周期为五年（广东省民政厅，2016a、2019）。"双百"（第一批）实施周期是2017—2021年，"双百"（第二批）实施周期是2019—2024年。所以，两批"双百"的实施都要求镇（街）与社工签订为期5年的劳动合同。卓志强对此表示：注重"双百计划"的服务队伍本土化，着力于稳定社会工作专业人才队伍和提高社会工作服务的专业水平……"双百计划"以5年为一个实施周期，前3年以培养人才、稳定队伍为主，推进社会工作人才队伍建设……（颜小钗、李卫湘，2017）

镇街直聘社工有助于维持服务的持续性和人员的稳定性。受访者O4 是广东某社会服务机构负责人，具有社会工作本科学历，具有 10 多年一线实务经验，他认为"双百"采取镇街直聘的形式具有优势，能避免购买服务因项目周期性更替出现的弊端。

> 政府购买服务模式和"双百计划"模式有一个很大的差别，镇街直聘比较好的就是能够保证服务的持续性和人员的相对稳定性。购买服务的确因为项目周期，项目会出现一些间隔等，导致一些服务会出现断开，甚至服务莫名其妙地终结了。（O4）

（三）给予相对合理的薪酬

相对合理的薪酬是维持社会工作人才稳定的重要举措，也只有薪酬合理才能留住社工。卓志强表示："双百计划"社工的薪酬按照粤东西北地区基层公务员的薪酬标准制定，给社工人年均 5 万元，并建立薪酬自然增长机制，每年度递增 5%（颜小钗、李卫湘，2017）。

所以，"双百"（两批）均承诺给予社工 5 万元年薪起薪，这项标准对珠三角地区而言并不高，但在经济社会相对落后的粤东西北地区，它具有不错的吸引力。另外，"双百"主张建立薪酬逐年递增的机制。"双百"（第一批）实施时提道：考虑社工薪酬自然增长原则……，每配备一名社工人均资助标准比上一年度增长 5%。（广东省民政厅，2016a）"双百"（第二批）实施时同样提道：考虑社工薪酬自然增长原则，从满一年工作起，次年度开始，每名社工工资比上一年度增长 5%。（广东省民政厅，2019）有受访者表示，保证一线社工收入，建立收入递增机制也是两种模式的差异之一。例如，受访者 U5 是珠三角地区某高校社工专业教师，长期在社会服务机构兼任实务督导，对政府购买社会工作服务实践较为熟悉。作为"双百"参与者，他认为"双百"与过往政府购买服务模式很不同的点是倡导保障一线社工待遇。

它不一样的地方，当时政策的主导者有讲，要去保一线，要注重一线社工的职业发展，还有收入的递增。当时最大的亮点是社工五年的薪酬是递增的，每年5%。这跟政府购买服务项目非常不一样，虽然起点不算高，但连续五年，起码可以看到收入递增的趋势。（U5）

总之，"双百"的用工模式采取了政府直聘的做法，由镇街与社工签订长聘合同，给予社工相对合理的待遇，这有助于维持社工岗位的稳定性，有助于其职业化发展。但必须指出的是，由于政府直聘模式，社工由镇街直接管理，这意味着社工的专业实践难免会受到行政化的干扰。"双百"社工究竟是作为专业的实践者而存在还是作为普通政府雇员而存在？这对专业实践的考验和挑战将一直持续下去。

三、工作模式：驻守村居

"双百"社工站建设在镇街，但服务要落到村居，既接受镇街的领导和管理，也接受省厅专家团队的专业督导，总体上坚持驻守村居的工作模式。坚持和倡导社工驻守村居开展工作是"双百"的突出特征。从省民政厅主要领导的公开发言可看出他们对驻守村居模式的阐述。2017年，卓志强在"双百"工作推进会上讲话中指出："双百计划"为每个镇（街）配备3至8名社工，社工服务站点直接落到村（居）。社工驻村入户，与群众同劳动同工作同生活，协助政府联结服务资源，直接服务弱势人群和困难群体，提升民政服务水平，化解社会矛盾（卓志强，2017）。

同年，省民政厅副厅长在"双百"宣讲会讲话中提道："双百计划"为每个镇（街）配备3至8名社工，增强基层社会服务力量，社工站服务点直接落到村（居），驻村入户，深入基层，以弱势群体和困境人群为重点服务对象，与群众同吃同住同劳动，了解群众需求，联结服务资源，排除服务"最后一米"的障碍，让社工成为老百姓的贴心人（王长胜，2017b）。

省民政厅副厅长在 2018 年还表示：近千名"双百"社工，将工作重心下移到村（居），与群众同吃同住同劳动，秉承助人自助的社会工作理念，建立"落在一村（居）、协助整镇（街）、逐步辐射"的工作模式（王长胜，2018）。

不少受访者认为，在工作模式上强调驻守村居，这是"双百"模式与过往政府购买社会工作服务模式的差异之一，也是"双百"突出的专业优势。只有驻守村居、服务落到村居，确保社工在场，才能真正服务群众。

"双百"最重要的法宝就是在场，开门关门都是服务对象。这个时候督导就有用了，督导跟社工也是在场的。之前"家综"最大的问题是不在场，最后变成等案主上门的服务模式。如果你不在场，你只是在镇街搞个社工站，那不就多挂个牌子吗？有多少牌子挂在那了？我觉得一定要在场，在场就是社区为本，驻守村居社区。(U9)

还有落村居，当时的推动者，不管从学者的角度，还是从政府的角度，都比较强调吧。虽然之前有一些项目是落村居的，可能它作为一个政策，那么直接从政策制度设计就要求一定要扎下去，这样的制度设计之前是没有办法出来的。那些珠三角的购买服务里面以镇街为单位去做购买的时候，实际上很难要求那些社工落村居，真到一线去，这是"双百"跟之前购买服务不一样的点。(O3)

"双百"所倡导的驻守村居的工作模式，实际上是对过往社会工作服务模式强调保持社工与案主之间的距离，维系专业工作关系，坚持工作与生活分离的"坐班"工作模式的反叛或变革。"双百"强调深入基层社区，与服务对象结成伙伴，在日常生活状态下主动为之服务。具体来说，"双百"实践从两方面坚持驻守村居的工作模式。

（一）社工站点选择与建设要落在村居

2017年1月，省民政厅领导与"双百"总督导前往肇庆市开展第一个社工站的选点工作，论证提出"落在村居、问题导向、方便群众"等三个选点标准。2017年3月3日，广东省民政厅印发《关于协助做好"双百镇（街）社会工作服务五年计划"项目招聘宣讲会和督导社工服务站准备工作的函》（粤民办函〔2017〕42号），该文件纳入前述三个选点标准，要求全省社工站与服务点选择要参考执行。2018年，民政厅副厅长在"双百"工作推进会上对社工站建设提出要求：科学确定站址，各地按照"落在村居、问题导向、方便群众"的标准，整合资源，站址确定科学合理，符合要求（王长胜，2018）。

具体而言，"落在村居"是指"服务点应先确定在一个村（居），让社工扎根社区，了解群众需求，逐步推进"；"问题导向"是指"所选村居辖区内贫困、外来工等弱势群体聚集、社会问题突出，或是民政服务对象聚居的村居，充分体现社工服务弱势优先的原则"；"方便群众"是指"服务点应选择在居民聚焦点，能方便社工与村居民交流互动"。例如，"双百"（第一批）申报通知提道：服务站应尽量选址在靠近居民区、公车站等交通便利的位置，方便居民求助和接受服务（广东省民政厅，2016a）。

"双百"（第二批）申报通知指出：按照"落在镇街、深入村居、问题导向、方便群众"的选址标准，依托现有服务设施，如文化站、工疗站、亲青家园、妇女之家、儿童之家、党员活动中心、星光老年之家等公共场地和服务资源，提供与服务相适应的办公和服务场地，配备必要的服务设施（广东省民政厅，2019）。

基于前述的专业考虑和选点经验，省民政厅明确了社工站的选点原则，并要求各地参照执行。某位受访者谈到了社工站选点的情形：

第一批我们选的那些点跟中西部地区差不多，比如，少数民族山区，革命老区，边远贫困地区。你最初去的那个地方，我记得是阳江阳春，后来我也去过，哪怕那个站点也是比较偏僻的，它属于城乡接合部。很多点都是我们开着车去选的，与广西交界的，与湖南交界的，与江西交界的，与福建交界的都有，还有的设到岛上了。（U9）

（二）社工服务实践坚持"三同"

"双百"倡导的驻守村居，不只是在站点选择和建设上强调深入偏远乡村、深入基层，更是强调社工的日常服务实践要深入基层，与站点所在的村居和服务对象做深度联结。倡导社工坚持"三同"，要与村居民"同吃、同劳动、同生活"，真正与之打成一片。时任广东省民政厅社工处处长表示，"双百"作为一项社会工作改革，即探索改革社会工作的服务方式，深入群众，变被动服务为主动服务。将等待式服务改为走下去服务，以往社工更多是在机关、活动中心等待群众上门服务，"双百计划"采用驻村模式，将社工推到群众中，在与群众同劳动同工作同生活，熟悉社区、熟悉群众、了解群众需求的基础上为群众提供服务（郑章树，2017）。

受访者认为"双百"强调驻守村居的服务模式，这与原有的服务模式形成鲜明对比。受访者O1曾为广州某社会服务机构负责人，具有社会工作本科及硕士学位，对广东曾经推行的"家综"模式很熟悉，他认为"双百"相较于"家综"服务更强调驻守村居的工作方式。

"双百"很强调驻村居的服务模式，跟过去的综合服务中心或者专项有一些不同。它的服务站点是落在村居的，选在那些弱势群体比较集中的地方，社工通过"三同"驻村入户，跟那些村民打成一片的方式去开展工作。（O1）

另外，"双百"强调的驻守村居模式更适合中国本土情境，这也与原有服务模式形成对比。

"双百计划"的服务模式和理念非常切合我们的国情、政策、群众的特点，以及我们服务对象的特点和需求。为什么这样讲呢，"双百计划"的驻村模式可能我们都了解。我在珠三角做社工的时间里，没有这样驻村，我们是到村服务模式。我自己后来的一个感受就是我跟服务辖区是分开的，是没有关联的。比如说社区或者一个镇街，我今天在这里服务，我是一个社工，但当我不在这里服务，比如周末不在这里，或者今天不在这个村服务，我跟这个村就没有连接。"双百"驻村模式非常强调扎根村居，要去做资源地图、问题地图，用脚来量社区，因为我们要成为社区的一员，得熟悉它，认识它。过往我在珠三角工作的感受是我不太知道这个村里边有什么，它跟我的工作有什么关系都不重要，我今天要去家访，我就找到这个地址直接去就行。（04）

从专业的视角看，"双百"所强调驻守村居的工作模式，并非一般意义上的社会工作服务模式，而更倾向于社区工作或社区发展，倡导的是社区为本的服务实践。

四、服务理念：弱势优先

"双百"的理念和实践强调弱势优先，这是"双百"模式突出的要素之一。对"双百"而言，弱势优先理念的落实包括宏观与微观两个层次。首先，在宏观层次上，弱势优先意味着应该优先在偏远乡村地区发展社会工作服务。"双百"率先在经济社会相对落后、公共服务和社会服务供给相对不足、社会工作发展较为滞后的粤东西北地区推动，"双百"强调社工站点建设深入偏远落后、问题突出、公共服务供给不足的村居，都是这种理念的体现。其次，在微观层次上，弱势优先是指在具体实践中，将服务对象优先聚焦于民政兜底对象。弱势优先是"双百"模式与过往政府购买服务模式的差异之一。

在政府购买的社区或家庭综合服务项目中，社工服务不会明确聚焦弱势群体，也不会强调弱势优先，所有接触到的居民都是服务对象。"双百"在服务人群定位上，政策目标明确，聚焦，精准。受访者 U2 和受访者 U7 都是珠三角地区高校社会工作专业教师，具有社会工作专业教育背景，前者具有社会服务评估与督导的经验，后者曾为机构一线社工。他们都认为"双百"的服务群体更加明确、精准和聚焦，服务方向明确。

服务对象这部分，我感觉在"双百"里边，按照之前的理想设计，服务对象更加聚焦了。比起原来珠三角的这些项目……我并不是说之前珠三角这些不聚焦，只是说在"双百"体系里，对服务对象有更加明确的界定。（U2）

服务群体上明确了，如果以同类民政购买的项目为例，过往社区综合或者说"家综"这种类型，在社区里看到的人都是服务对象，不会聚焦在弱势群体身上，做发展性工作多一些。机构服务是很杂的，就是看项目，拿到什么项目就做什么，也没有非常明确的方向。（U7）

我经历过不同的项目，包括专项和综合服务，在有香港背景的机构工作过，也在大城市做过社工。原来我们对社工服务对象的理解，有需求的人都是服务对象。但"双百"更强调那些底层的、兜底的服务对象，要优先给他们服务。我觉得这有很大的区别。以前就是一年要完成多少服务指标，只要有需求的人都可以为他服务，没有很强烈的意愿去服务那些兜底群体。（O1）

弱势优先在"双百"服务实践中包括两个维度。

（一）社工站职责是优先服务弱势群体

"双百"强调弱势优先的理念，首先厘清社工站的职责是优先服务弱势群体。具体来说，"双百"（第一批）对社工站职责定位是服务民政重点对象。

镇街社会工作服务站以辖区内有需求的群众为服务对象，覆盖城乡低保对象、特困人员、困境儿童、农村留守人员、优抚安置对象、老年群体等民政重点服务对象……镇（街）社工服务站的工作职责是为本镇（街）困境人群，重点是面临困境的老年人、妇女儿童、青少年、残疾人、城乡低保对象、农村留守人员、优抚安置对象等提供服务。每个镇街社工服务站应根据所在镇街具体情况，明确1至2个重点服务领域（广东省民政厅，2016a）。

"双百"（第二批）也明确了社工站的服务对象和覆盖范围，同样聚焦弱势群体。

乡镇（街道）社会工作服务站服务对象主要包括最低生活保障人员、特困人员、困难和重度残疾人、生活无着流浪乞讨人员、留守和困境儿童、留守老人在内的民政重点服务对象，以及贫困户、涉法青少年和其他需要提供服务的人群（广东省民政厅，2019）。

卓志强认为，民政对象是社会工作的主要服务对象，"双百计划"服务对象为本镇（街）困境人群和社区，重点是面临困境的老年人、妇女儿童、青少年、残疾人、城乡低保对象、农村留守人员、优抚安置对象等（颜小钗、李卫湘，2017）。

王长胜在2018年广东社工"双百"工作推进会上的讲话中指出，要明确职责定位，进一步明确"双百计划"聚焦民政主业，坚持"双百社工"就是民政社工、就是为民政对象服务的职责定位（王长胜，2018）。

社工站的职责定位与"双百"的专业理念和民政的部门职责密不可分。社会工作专业理念上强调弱势优先，民政部门有"强化基本民生保障职能，即为困难群众、孤老孤残孤儿等特殊群体提供基本社会服务，促进资源向薄弱地区、领域、环节倾斜"的职能。

（二）将民政主责主业与社工服务策略相结合

"双百"首先强调弱势优先的理念，其次强调将民政主责主业与社工服务策略结合起来。"双百"作为民政部门主导推动项目，社工服务方式与民政部门的主责主业紧紧扣联，社工是实现民政部门职责的专业技术人才，社会工作专业是实现民政部门职责的专门技术。"双百"（第二批）对社工服务策略作了如下表述：乡镇（街道）社会工作服务站聚焦民政主责主业，运用社会工作的专业方法和技巧，综合评估个人、家庭的问题、需求和能力，协助落实国家福利保障政策，开展心理疏导、人文关怀、能力提升、生计发展、关系调适、社会融入等专业化个性化服务。完善"三社联动"工作机制，推动社会力量和公众参与社会治理，培育发展社区社会组织，启动社区公共活动空间，提高社区自治水平（广东省民政厅，2019）。

不少受访者也指出，"双百"重要的特征是将服务实践聚焦在民政主责主业上。受访者 U10 是珠三角某高校社工专业教师，曾任广东某社工机构项目主管，在"家综"做过服务工作，他认为，相较之下，"双百"的政策目标更清晰。

聚焦民政的主责主业上，当前农村可能最紧迫的一些民政是救济弱势群体，这种以最弱势边缘人的服务为主，政策目标比较明确。（U10）

广东省民政厅副厅长在"双百"启动仪式上讲话指出：社工扎根基层，摸清民政对象，落实民政政策，运用社会工作方法开展民政服务工作，通过以点带面，辐射全镇，把工作做到民政对象邻里、家里、心里（王长胜，2017a）。

时任广东省民政厅社工处处长表示，"双百"改革要为社会工作的服务策略："双百"社工扎根社区，将社工服务与民政服务有机结合，通过摸清民政对象，落实民政政策，协助政府联结服务资源，为弱势人群和困难群体建立支持网络，化解社会矛盾，提升民政服务水平，把工作做到民政对象邻里、家里、心里（郑章树，2017）。

服务弱势群体，发展社区社会组织，促进社区自治……这些都属于民政部门法定的职责范围。优先服务民政重点对象的职责定位，自然地带出了服务弱势群体的工作策略。例如，"双百"服务与民政本身的工作相结合，这与购买服务模式不同。受访者 U3 是珠三角某高校社会工作专业教师，长期关注广东专业社会工作发展，作为资深评估专家对政府购买社会工作服务模式运作很熟悉，他认为"双百"与民政本身结合更为紧密，这与一般购买服务模式不同。

还有不同在于工作内容上面，因为"双百"更加注重民政基层服务力量，跟民政本身工作结合得更紧。购买服务的话，当然要看购买方是谁，本身的职能部门的工作任务是什么，会影响机构做服务的时候要做些什么，也跟购买方究竟是不是要放手给机构去做，还是也管得这么死，都是有区别的。（U3）

五、实践策略：政策实践

"双百"重要的实务介入策略是政策实践，这是"双百"极为突出的要素维度。"双百"社工通过驻守村居，利用在场优势，发现原有政策实践的不足，协助现有福利政策的顺畅落实，打通政策服务"最后一米"。"双百"社工紧跟政策，通过民政政策实践为弱势群体服务，这也是"双百"与过往政府购买社会工作服务模式的差异之一。不少受访者都承认这一点。

以前跟政策的紧密度不够。社工做社工的东西，政府购买这个机构的服务，社工完成指标内的东西就可以了。但是"双百"跟政府，跟政策，跟民政的主业，有很紧密的联系，跟落实政策，政策运用也有很紧密的联系。相比以前在政策实践多出了一些，我觉得这是有很大的不同。（O1）

我觉得实践内容或者方向上有非常大的差异，在政府购买服务时代，它更多的是依靠机构本身提供服务。在"双百"里面非常重要的特征社会实践手段是关于政策的，所谓打通政策执行的"最后一米"，这是之前没有的。（U2）

我觉得很明显的差异就是跟政策走得更近。如果同样是说做低保救助个案，过往在机构里，知道他领低保之后，可能会从其他别的管道，什么媒体啊，各种可能帮助他。但现在"双百"我觉得好像无论从挖掘对象，还是接触民政服务对象，会更强调是在政策体系下面去找资源，或者说找一些方式去提供服务。（U7）

政策实践是"双百"模式中极为独特的实务介入策略。首先，从现实状况看，"双百"社工有进行政策实践的必要性。原有的行政体系在政策执行中存在漏洞，政策服务"最后一米"未能完全打通，如"漏保错保""人情保、关系保""瞄不准""不精准"的现象一直存在。造成这种状况的重要原因是基层民政服务力量薄弱，专业服务能力不够。"双百"正好可以弥补原有基层服务体系的不足，正如某位受访者提道的：

要落实政策，通过政策去救助他们，这是第一个维度。因为如果说你要反贫困，就要先把对象纳入政策范围内才有反贫困的作用。以前这些兜底对象是居委管，社工就不管这些人。精准识别，落实政策，跟社工没关系，都是居委负责。事实上，错保漏保的情况还是会有，就算没有保漏……如果主要依靠居委会服务那些兜底的对象，更多是单一补救性救济，很难做到发展型救助。我们通过入户，排查识别，首先落实政策，然后去链接资源进行社会心理支持，最后通过打造共同空间的社会参与，让困难群体能融入社会。"双百"在这块做些改变啊。（O1）

其次，从实践情况看，"双百"有进行政策实践的能力。在镇街直聘模式下，"双百"社工与原有正式福利体制真正接轨和融合，更有可能整合体制内资源开展服务。受访者 U10 曾为某社会服务机构项目主管，是"双百"早期核心参与成员，他观察到：

> "双百"采取镇街直聘的形式，等于是政府服务福利的延伸，这种关系比较紧密，我觉得这是比较大的特点……"双百"让社会工作专业真正在我们国家体制框架内更大效应地发挥作用，把它纳入正式的体制框架里跟福利制度接轨，我觉得这是巨大的进步。如果说"双百"的优势，我觉得它的确是让我们看到，它能更好地整合官方资源，这种整合的作用相对于民间资源，我觉得还是比较强。(U10)

受访者 U7 曾为一线社工，作为"双百"督导，她观察到"双百"社工在政府体系内有了正式的身份，可以与原有体系进行对话，商讨如何帮助救助对象。在购买服务模式下，机构社工很难实质性介入有关服务对象的政策实践，服务机构与原有体系在政策实践的议题上难有合作。

> 社工有了身份可以跟村委坐下来聊，怎样帮助服务对象。以前可能去居委会最多拿一下这个人的材料，拿完了你怎么帮助是机构的事情，居委会反正也尽了力，主要就是发放低保金嘛，所以可能现在从合作上面会更紧密。(U7)

最后，从专业视角看，"双百"的政策实践有丰富的内涵。如前所述，"双百"打通了民政政策服务的"最后一米"，但这并不只是社会行政视角的政策执行，"双百"的政策实践包含着更丰富的内涵。具体来说，"双百"模式强调的政策实践包括社工要主动作为，积极去发掘原有政策实践的漏洞和不足；政策实践与个案关怀、居家访视等相结合，给服务对象带来更多情绪、情感和价值的支持；政策实践超越了一般意义上的政策救助，强调进行"社会性个案救助"，注重从家庭、邻里及社区等不同维度对服务对象进行干预。

六、另类目标：培育人才

"双百"是一项社会工作服务计划，更是一项社会工作发展计划。它与传统社会工作服务计划相当不同，在启动之初便设定了一个另类目标，即培育本土专业社工人才。过往的社会工作服务计划主要在"使用人才"，部分服务机构可能会对社工进行入职培训和在职训练，但如"双百"一样，强调专门性、系统性培育人才的几乎没有。从"双百计划"到"双百工程"，"双百"一直将培育人才作为重要的发展目标，强调"在实践中培养一支可信可靠可用的本土社会工作人才队伍"。通过"双百"来培育本土社工人才，将人才使用与人才培养相结合，这是"双百"重要的、独特的要素维度。

（一）"双百"对社工人才的要求

"双百"作为一项专业社会工作服务项目，社工人才的素质尤为重要。"双百"（第一批）启动时对社工人才素质提出了具体要求：服务站社工须持有全国社会工作者职业水平证书，社工师与助理社会工作师的比例不低于 1：4；每个村（居）委会指定一名文化程度较高且相对年轻的村（居）委会成员作为社工协理员，协助镇（街）社工站开展工作，并作为本土社工的重点培养对象（广东省民政厅，2016a）。

"双百"（第一批）对社工人才的要求是具体且明确的，即须持有全国社会工作者职业水平证书。2017 年 1 月发布的《广东省双百镇（街）社会工作服务五年计划社工招聘公告》，确认了应聘社工的资格条件：年龄原则在 40 周岁以下，年龄计算时间 2017 年 6 月 30 日止；全日制大专以上学历（含大专），社会工作、社会学、心理学、人类学等相关专业应届、往届毕业生或持有助理社会工作师及以上资格证书者；具有社工或公益服务领域工作经验者优先考虑；社会工作服务站本地户籍、掌握当地方言者优先考虑;有责任感、团队合作精神,勇于尝试,认同项目理念及社工价值与使命(广东省民政厅,2017c)。

2019 年发布的《第二批广东社工"双百计划"社工招聘公告》,对应聘社工的资格条件要求与前述公告内容几乎一样。从招聘公告的资格要求可看出"双百"对社工人才的素质期待。在年龄上期待年轻人,在学历上期待大专以上,在专业上期待社会工作及相关专业,在职业水平上期待有职业证书,在实践上期待有经验者,在地域和文化上期待本土人才。"双百"对社工人才的素质期待不仅是考虑"专业与否",还有其他各种要素。

(二)"双百"社工人才的现况

在实行中,"双百"对社工人才素质的期待不能完全实现。根据"双百"内部的数据显示:"双百计划"(第一批)社会工作者上岗时,社会工作专业毕业的共 204 人,占总人数的 22.13%,持有社会工作职业水平证书的共 289 人,占总人数的 31.34%;"双百计划"(第二批)社会工作者上岗时,社会工作专业毕业的共 161 人,占总人数的 21.93%,持有社会工作职业水平证书的共有 174 人,占总数的 23.71%(张和清、廖其能,2021a)。

从以上数据可看出,虽然"双百"号称专业社会工作服务项目,但最初加入的人士中,仅有二成左右的是社工专业毕业或持有社工职业证书。尽管"双百"招聘引发了大量的社会关注,吸引了大批人士参与竞聘,但具备社工专业资质的人并不多。专业人才缺乏正是粤东西北地区专业社会工作发展长期面临的困境之一。

"双百"的现实状况是无法招聘到足够多、具备专业资质的社工人才。因此,"双百"只能放低专业门槛,对人才选择提出"另类标准",将人才选用和培养结合起来。在"双百"人员招聘中,特别看重应聘者的初心理念和价值情怀，看重他们投入偏远乡村的弱势群体服务事业的意愿和态度。所以，"双百"招聘时尤其关注应聘者过往的心路历程，应聘者需要提交 5000 字的个人自传来交代这个部分。同时，在面试环节注重通过互动，筛选出"有心之人"。受访者 U2 提到"双百"的另类选人标准，即看重参与者的初心和使命。

项目办给我的一个感觉跟印象在于最初招的这帮人，可能看重的是他们背后的那颗初心，用社工专业的话来讲，就是可能看重他们所秉持的一些核心的特质跟价值观。（U2）

O2 具有社会工作专业背景，曾为某社工机构项目主管，作为"双百"深度参与者，他认为"双百"选人的标准其实非常高。高的标准不在于精英能力，而在于选中的人才"有心"投入乡村社会建设。

我觉得在这个阶段其实需要找到有心人，而不是找到特别有能力的人或者精英。因为社工待遇也不高，找到有能力的人也待不久。主要是筛出有心人……在招募的时候，通过他们提交的东西，面试互动，找到这样的人，整个把关都由项目办和地区中心来进行。需要有这样的人，他一定是有灵魂、有追求、有方法、有专业的匠人，符合社会建设者的高标准。虽然这个路很漫长，但开始立意其实是很高的，要推动这样的人去做社区建设。（O2）

可以说，基于现实考虑，"双百"降低了专业门槛，以另类标准选择有心之人。这是在专业发展上采取"先有后优"的策略，即先招聘一批人，逐步对这些人进行系统培训，既注重实务能力提升，也鼓励其考取专业证书，最终实现人才的专业化。

（三）"双百"社工人才培育

"双百"自我定位为专业服务和人才培养的计划，强调将人才培育与人才使用有机结合，在实践中培养真正的本土社会工作实务人才。卓志强指出,"双百计划"主要着力点是推进人才培养和人才使用相结合……注重服务队伍本土化,着力于稳定社会工作专业人才队伍……打造一支稳定的、本土化的一线社工服务队伍……以5年为一个实施周期,前3年以培养人才、稳定队伍为主,推进社会工作人才队伍建设(颜小钗、李卫湘,2017)。

广东省民政厅副厅长在"双百"启动仪式上指出,"双百"……通过给社工合理的待遇、成长的时间、专业的空间,目的就是保一线、保专业、保公益。希望通过几年的努力,为当地培养一支有情怀、有知识、有专业的民政社会工作人才队伍……(王长胜,2017a)

培育本土社工人才的另类目标定位被视为"双百"模式的重要特征,也是"双百"不同于过往政府购买社会工作服务模式的地方之一。不少受访者都秉持类似的看法。

"双百计划"很注重持续学习,在督导团队里面叫成人教育。这个成人教育非常有体系。比如说珠三角有很多非社工专业背景的,可能他们在参加这些培训的时候,只是听到一些领域的信息,但对整个知识体系的学习还是有限,所以很明显地看到,服务的深度和情怀也好,对社工的认同度也好,我自己的感受是"双百"对社工的认同和秉持的服务理念更多一些。(O4)

受访者U11是某高校社工专业教师,长期在广东省从事社会工作研究工作,他注意到"双百"推动成人教育来培育社工,这与过去的实践很不同。

我觉得从张老师做"双百"模式,出了"双百"社会工作概论,推的那个成人教育,对他们留在社会工作行业是不是会有影响?实际上在过去,机构对社工可能没有这样的教育,或者说机构也不会有这样的一个模式,很少有机构这样做了。(U11)

为了实现专业服务和专业人才培养的双重目标,广东省民政厅通过购买服务的方式设立"双百"项目办公室，具体负责全省"双百"专业督导和培训工作，同时在粤东、粤西、粤北和珠三角地区组建16地区协同督导中心，建立"项目办—地区中心—社工站"三级专业支持网络。"三级网络"围绕"成人继续教育""协同督导""核心示范点建设"三个环节系统推进专业制度建设、项目管理、课程开发、实务培训、团队共学等专业人才培养工作，以确保社会工作实务及管理的专业性。这种方式实际上是在社会工作学校教育之外探索了另一条社会工作人才培养之路。在形态上，有的受访者将其定义为"社会性的社会工作学院"。

省厅在专业上花了一大笔钱，一个是督导单独花钱，另一个是培训单独花钱。省厅不仅发工资，还给配督导，还给做培训。那就是一个社会性的社会工作学院。很多人不了解，广东做到这一步不是凭空的，我说它是有两翼保障，像飞机一样有两只翅膀。一只翅膀是督导，另外一只翅膀是培训，这是花了重金的。我觉得它是这样的一个过程，我把它叫作社会工作的社会大学。我们广东省十年发展一批最有情怀，我不敢说最专业，但是最用心的，包括我和你在内，都是如此啊，我们陪他们做的嘛。（U9）

社工怎么培训呢，需要用社会大学来进行培训，提高能力。这个社会大学，没有固定编制，没有固定老师，没有固定教室，它是一个开放的学校。教了这么多年的社会工作，我感觉社会工作最重要的还是实务本身。（U4）

再者，在教育方式上强调"做中学，学中做"，从实践反思中获得成长，更强调实践者之间的相互学习，共同成长。例如，从省16个地市遴选出20个站作为核心示范站建设，为其他各个站树立标杆和学习、借鉴、示范的榜样，并引导各个站形成"学比赶超"的共学局面。通过"三级网络"的专业运作体系，一方面建立起"做中学、学中做，实践出真知"的共学机制，强化了社会工作成人继续教育、培训和督导工作；另一方面以"三级网络"为支撑，立足社区开展实践，以服务的专业性和实际成效赢得群众口碑。

"双百"给我的感受可能是在整个社会工作人才培养模式上有全新的思考吧，这个全新的思考是指谁来做社工老师，社工应该怎么培养，包括教材督导等。"双百"强调成人教育，它走的不是所谓科班教育这条路径。它会强调社工自我培训跟成长，强调同伴教育。跟我们所强调的老师通过学校教育体系来培养一线实践人才是不一样的。比如说用行动研究，弄一些自己的案例跟教材，它培养的方式也不像在教育体系里这种照本宣科式的，会去强调那些一线实践者，去体验，去感受，去相互协同，去观摩，它的路径跟我们这种教育方式是完全不一样的。（U2）

此外，"双百"组建了一支由高校社会工作专业教师和珠三角地区资深社会工作者组成的专（兼）职协同督导团队，由他们协助、陪伴一线社会工作者提升专业能力。"双百"所实施的督导模式具有双重能力建设的特点（廖其能、张和清，2019），在协同督导行动中强调"师徒制""传帮带"和互为主体性。协同督导的原则包括"持续、贴身的专业服务支持""协同社工站开展行动研究""陪伴社工共同面对服务对象"等。卓志强认为注重督导培训是"双百"重要的特点：注重督导培训专业化。一方面，将组建督导团队，协助镇（街）社会工作服务站开展需求评估、明确服务领域，协同社工制订社会工作服务站5年服务规划和年度工作计划，指导社工开展专业服务，提供培训和督导，每年完成社会工作服务站的评估报告；另一方面，建立培训体系，对近千名社工、社会工作服务站负责人、社会工作服务站所在镇（街）党政领导、市县民政局社会工作业务负责人等分专题实施系列培训（颜小钗、李卫湘，2017）。

不少受访者赞同规模庞大的专业督导团队是专业人才得以成长的重要支撑：

我看到"双百计划"很重要的特点，就是它有督导团队，也是研究团队，在行动研究中发挥了很重要的作用。我自己很认同"双百"在不断地推成果，包括"双百"概论这样一些出版物。"双百计划"有行动研究的导向，我觉得跟购买服务还是有差别的。（O4）

另外，受访者U6是珠三角地区某高校社工专业教师，曾为广州"家综"服务模式的设计者，"双百"兼职督导，他认为"双百"最核心的东西是通过独特的督导和培训体系培育了一批热爱乡村、服务乡村的社工人才。

我觉得"双百计划"最让人感动，最大的推动点，其实还是人才培育，"双百计划"最核心的东西是那支督导队伍。若你要问我"双百"最大的亮点是什么，其实我会认为"双百计划"通过它独一无二的督导体系和培训体系，的确是唤起了很多人对社工理念的传播。我觉得张教授反而会更加像是温铁军或者是贺雪峰这一派的人，他传播的一种理念，培养了一堆热爱乡村的人。（U6）

督导方式的转变也是培育本土社工人才的举措，"双百"强调督导与社工相伴同行，相互支持，共同成长。时任广东省民政厅社工处处长认为这是"双百"改革的方向之一：督导方式改革。将脱离一线的督导改为陪伴式督导，"双百计划"将督导称为协同行动者，希望资深的社工能陪伴年轻的社工一起面对服务对象，一起开展服务，这既能给新社工真正帮助，也有利于资深社工进一步成长，有利于我省高级社工师的培养（郑章树，2017）。

在这个推动的过程中，这种督导模式，相伴同行，真正对话，相互成长，整个是统一的。从张老师怎么影响我和项目办，项目办影响督导，督导再影响社工，社工再影响城乡社区的民众，这样整齐划一的内

容，其实是在为专业人才保驾护航。（O2）

因此，有受访者表示，"双百"在专业发展方面重要的表现是通过这一套持续的成人教育，培养了一大批本土社会工作人才。

专业发展方面，通过张老师持续不懈的努力，培养了一批专业化的本土社会工作人才。它整个发展，组织可能是不乐意的，但在粤东西北各个项目办，我们可以看到一批本土的社会工作人才和社会工作督导人才的发展，对当地的社会工作发展有很大的影响。（U12）

七、小结

2017年以来，"双百"形成了与原来政府购买社会工作服务模式极为不同的专业发展模式。归结起来，"双百"模式大致包括六个要素维度：其一，"双百"形成了"中西结合"的专业理论基础，以实用主义态度将社区睦邻运动与慈善组织会社的传统与乡村建设运动及中国共产党的群众路线结合起来，并以此作为"双百"的指引。其二，"双百"采用了政府直聘的用工方式，用长期合同和合理的薪酬来确保社工从业岗位的稳定性，进而确保社工队伍和服务供给的稳定性。其三，"双百"采用了驻守村居的工作模式，强调社工站点选择深入偏远村居，倡导社工服务实践坚持"三同"，以确保社工服务更贴近民众。其四，"双百"坚持弱势优先的理念，既强调在偏远地区发展社会工作，也强调将服务对象聚焦于民政兜底对象，还强调将社工服务策略与民政主责结合起来。其五，"双百"采用了政策实践的实务干预策略，社工参与民政政策执行，打通政策服务"最后一米"，朝向社会性个案救助。其六，"双百"提出了较高的专业人才要求，但迫于现实不得不降低专业门槛，寻求另类标准，同时采用人才使用与人才培育相结合的策略，通过系统性培训和陪伴式督导进行本土社工人才训练。

第三节　"双百"的动态演化

从 2016 到 2020 年，"双百"经历了酝酿、启动、扩张、升级等阶段。然而，最终形成的"双百"与最初设计的"双百"不完全一致，广东省民政厅定位的"双百"与各地市乃至镇街期待的"双百"不尽相同，行政力量关注的"双百"与专业力量描述的"双百"也各有侧重。可以说，"双百"的发展一直处于多重力量博弈之下，其样态也一直处于演化之中。本节将重点阐述"双百"的动态演化。

一、"双百"定位：从专业改革项目到民生政治工程

如何定位"双百"？在研究者看来，从"双百"（第一批）到"双百"（第二批），再到"双百工程"，"双百"的定位处于动态演化之中。在最初的设计中，"双百"主要被视为一项专业社会工作发展的改革或创新计划，但在推进实施的过程中，"双百"的定位越来越"民政化"，逐步被赋予更多专业以外的意涵，加注了一系列政治和意识形态的功能，逐步演变成一项民生政治工程。这种演变可以从"双百"政策文本中对政策背景和政策目标要求的论述对比和"双百"的政策主导对"双百"定位的话语论述对比看出来，如表 5-9 与表 5-10 所示。

在"双百"酝酿和推动的早期，政策背景和目标主要是聚焦在社会工作专业本身，"双百"更多地被视为广东专业社会工作发展的改革探索。"双百"（第一批）实施更多是从专业社会工作改革或创新视角考虑。例如，"双百"（第一批）申报通知说明，实施"双百"是"为加快粤东西北地区社会工作发展"，其目标任务是"丰富社会工作发展路径""推动全省社工事业区域发展平衡""增强基层社会服务力量"

"推动'专业社工、全民义工'工作的开展"。

表 5-9 "双百"政策目标变迁对比

时间	文件名称	政策背景	政策目标要求
2017	《广东省民政厅关于做好粤东西北地区"双百镇（街）社会工作服务站"建设运营示范项目申报工作的通知》	为加快粤东西北地区社会工作发展，我厅决定实施粤东西北地区"双百镇（街）社会工作服务站"建设运营示范项目，从2017年至2021年连续5年资助粤东西北地区和惠州市、肇庆市、江门市台山、开平、恩平等地建设运营200个镇（街）社工服务站	1. 丰富社会工作发展路径 2. 推动全省社工事业区域发展平衡 3. 增强基层社会服务力量 4. 推动"专业社工、全民义工"工作的开展
2019	《广东省民政厅关于做好乡镇（街道）社会工作服务站建设运营示范项目申报工作的通知》	为深入贯彻习近平新时代中国特色社会主义思想，全面贯彻落实党的十九大和习近平总书记视察广东重要讲话精神，推动社会治理重心向基层下移，充分发挥社会工作在加强保障和改善民生、营造共建共治共享社会治理格局中的积极作用，按照省委办省府办关于加强人才队伍建设打造创新人才高地行动方案的要求，决定从2019年7月1日至2024年6月30日连续五年，实施乡镇（街道）社会工作服务站建设运营示范项目	1. 增强基层民政服务力量 2. 丰富社会工作发展路径 3. 推动全省社会工作健康发展 4. 满足人民群众对美好生活的需求 5. 推进共建共治共享社会治理格局的实现

时间	文件名称	政策背景	政策目标要求
2020	《关于实施"广东兜底民生服务社会工作双百工程"的通知》	为深入贯彻习近平总书记关于民生工作的系列重要指示精神,充分发挥社会工作在基本民生保障、基层社会治理、基本社会服务等方面的积极作用,进一步落实《中共广东省委 广东省人民政府关于加强和完善城乡社区治理的实施意见》(粤发〔2018〕15号)、《中共广东省委办公厅 广东省人民政府办公厅印发〈关于加强人才队伍建设打造创新人才高地的行动方案〉的通知》(粤办发〔2018〕25号)等工作要求,建立具有广东特色的兜底民生服务体系,有效满足困难群众和特殊群体的多元化、个性化、专业化服务需求,营造共建共治共享社会治理格局,实施"广东兜底民生服务社会工作双百工程"	以习近平新时代中国特色社会主义思想为指导,全面贯彻落实党的十九大和十九届二中、三中、四中、五中全会精神,坚持以人民为中心的发展思想,运用广东社工实践经验,全面加强乡镇(街道)社会工作服务能力建设,积极打造职业化、专业化、本土化社会工作人才队伍,立足镇街、深入村居,为困难群众和特殊群体提供政策落实、心理疏导、资源联结、能力提升、社会融入等专业服务,打通为民服务"最后一米",切实增强人民群众的获得感、幸福感和安全感,为保障和改善民生、加强和创新社会治理、推进国家治理体系和治理能力现代化提供重要基础支撑

资料来源:研究者根据省民政厅公开资料整理。

表5-10 政策主导者对"双百"定位的论述

时间	政策主导者	来源	对"双百"定位的论述
2017年2月	省民政厅厅长卓志强	《"双百计划":加速全粤社会工作专业化、均衡化进程——访广东省民政厅厅长卓志强》	实施"双百",充实基层民政服务力量,这是为了破解基层民政服务力量薄弱的难题,为民政事业专业化、精细化发展提供人才支撑,同时将社会工作力量与民政服务相结合,更好地为有需求的群众和社区提供专业服务。纵观10年来广东省社会工作发展情况,总体上来说发展很快,但资金、机构、人才等主要集中在珠三角地区,粤东西北地区社会工作仍然普遍存在缺人才、缺资金、缺路径等问题……希冀能破解全省社会工作区域发展不平衡的瓶颈,推动我省社会工作全面发展
2017年3月	省民政厅副厅长王长胜	在"双百计划"宣讲会上的讲话	"双百"的实施,主要着眼于破解我省社会工作快速发展中存在的一些亟待解决的问题。一是有利于促进我省社会工作均衡发展;二是有利于推进社会工作专业化发展;三是有利于解决政策服务"最后一米"的问题
2017年6月	卓志强	在广东社工"双百计划"推进工作视频会议上的讲话	"双百"是省厅在总结我省十年来社会工作发展经验的基础上,着力破解基层民政服务力量薄弱、社会工作发挥作用不明显等难题所作出的新探索、新尝试,既立足广东省情,又体现广东特色,具有重大而深远的意义。首先,让基层社会服务力量更壮大;其次,让社会工作作用发挥更充分;最后,让社会工作的应用更广泛

续表

时间	政策主导者	来源	对"双百"定位的论述
2017 年 7 月	王长胜	在"双百计划"启动仪式上的讲话	省厅在总结我省十年来社会工作发展经验时，深刻地认识到，虽然我省社会工作高速发展，取得令人瞩目的成绩，全省持证社工、社工服务机构、政府购买社工服务资金都位居全国首位，但仍然存在区域发展不平衡的问题，粤东西北地区普遍存在缺人才、缺资金、缺路径的困难。实施"双百"……着力破解基层民政服务力量薄弱、服务群众"最后一米"无法打通、社会工作发挥作用不够等问题
2017 年 7 月	省民政厅社工处处长郑章树	发布于广东社工双百计划公众号的推文：《再困难也要坚持》	"双百计划"不仅是一个"项目"，还是在进行一场社会工作改革。第一，是购买方式改革；第二，是服务方式改革；第三，是服务内容改革；第四，是社工机构改革；第五，是督导方式改革
2018 年 4 月	郑章树	发布于广东社工双百计划公众号的推文	"双百"最大的亮点在于改变社会工作人才的使用方式，其理念、做法与党的十九大精神高度吻合，其作用和生命力随着时间的推移将会得到进一步的释放
2018 年	卓志强	公开发表文章：《打造一支夯实基层基础工作的专业力量》	"双百"是广东省通过社会工作来加强基层基础工作、加强基层民政工作、营造共建共治共享社会治理格局的一个重要探索和实践行动。面对新时代、新任务、新要求，广东省认真贯彻习近平总书记系列重要讲话精神和党的十九大精神，落实党中央、国务院加强基层服务能力建设和民政部加强基层民政工作的决策部署，将社会工作作为加强基层工作、加强基层民政工作服务力量的重要抓手

续表

时间	政策主导者	来源	对"双百"定位的论述
2019 年	卓志强	全省民政工作会议工作报告	要抓社会工作，鼓励支持各地参照广东社工"双百"做法，在乡镇街道、村居配备社会工作人才，增强基层服务力量，提升民政专业化水平
2020 年	卓志强	《实施"双百工程"筑牢民生服务底线——〈中国社会报〉访广东省民政厅党组书记、厅长卓志强》	推出"双百"的目的是解决民政服务对象日益增长的多样化、个性化需求与薄弱的基层民政服务能力之间的矛盾，畅通民政服务"最后一米"。在系统总结"双百计划"实践经验的基础上，"双百工程"将进一步发挥社会工作在基本民生保障、基层社会治理、基本社会服务等方面的积极作用，有效满足困难群众和特殊群体的多元化、个性化、专业化服务需求，营造共建共治共享社会治理格局

　　从推动实施的范围来看，"双百"（第一批）聚焦在粤东西北地区的偏远乡村。显然，此时的"双百"定位仍是就专业谈专业，旨在探索偏远农村地区可能存在的社会工作发展路径，采取镇街直聘的做法是为了区别于珠三角城市地区依靠服务机构式的发展模式。然而，到"双百"（第二批）实施时，"双百"便与保障民生、基层治理等民政部门话语扣连起来。例如，"双百工程"已经被纳入广东省十大民生工程。另外，"双百工程"实施方案和《社工站管理办法》都提到要"坚持党的领导"：深入贯彻习近平新时代中国特色社会主义思想，全面落实习近平总书记关于加强兜底民生服务的重要指示批示精神，在各级党委、政府的领导下，推进乡镇（街道）社会工作服务站党组织建设、党员思想教育和优秀社工党员发展等工作……（广东省民政厅，2021a、2021b）

社工站与社工的职责包括宣传习近平总书记关于民生保障的重要论述精神、党和政府的民生保障政策（广东省民政厅，2021b）。进一步对社工提出要求：……确保社工增强"四个意识"、坚定"四个自信"、做到"两个维护"，把社工培养成宣传党的主张、落实党的政策方针、联系服务群众的重要力量（广东省民政厅，2021a、2021b）。

在"双百"推进落实过程中，其功能定位从专业改革计划到民生政治工程的演化，不少受访者都观察到了：

"双百"最开始可能没有想那么多，它确实是作为一个项目，后来是作为一个工程，这应该有不同。之前郑处跟我们聊的时候，确实是从专业的角度去聊，但后面"双百"的发展，已经不是从社工角度去谈论，又加入民政的话语。"双百"提出驻村居，从专业学者的角度来说，他是很想打通从个案救助，从民政服务走向村居参与社区治理或者社区发展，但后来民政这块的话语越来越强。（O3）

"双百"演化成一项民生政治工程，既表现在实施"双百"能扩充基层服务力量，助力基层民生事业，迎合党和国家"以人民为中心"的发展思路，又表现在"双百"本身也是一项民生就业工程，在经济下行压力之下，为高校毕业生提供大量就业岗位。如此一来，"双百"从业人员的专业要求进一步降低，社会工作专业背景只是作为优先条件，而非必要条件。受访者O3对此提道：

今年看到中央有出台政策，因为就业压力比较大。中央有政策出来需要推动就业，具体怎么设计不知道，但最后出来的导向是要扩充基层社区工作队伍。这个跟疫情防控期间看到了基层社区的问题有关，就业很重要的方向就是去扩充基层社区的队伍。后面我看到云南、四川等很多省份出台了具体执行政策，要公开招聘扩充基层社区队伍。没有讲一定要社工专业，但有社工证可以优先录取。我觉得回过头来看，"双百"在这方面无意中好像又走在前面，把社工项目变成了民生就业工程。政府在设计的时候，特别是在升级为工程的时候，是不是就有这样整体的考虑呢？这一两年变成了"双百工程"之后，政府除了强化基层的民政服务力量之外，也更强调它作为民生工程，非常重要的功能就是保就业。(O3)

所以，从"双百"的定位来看，最初或是早期的"双百"更多是专业社会工作的改革探索，聚焦探讨另外一种专业社会工作发展道路。然而，在发展过程中，"双百"逐步演化成一个民生工程，既强调"双百"服务弱势群体，改善民生的功能定位，也强调"双百"本身吸纳大学生就业，作为保障就业的民生工程。

二、发展思路：从培育本土组织到确立镇街直聘

"双百"要将专业发展导向何方？作为亲历者，研究者认为"双百"经历了从培育本土社工组织到确立镇街直聘的演化过程。目前，行业内不少人质疑"双百"的动机，认为它实行镇街直聘是要去组织化或弱化社工机构。事实上，在最初设计和早期实施中的"双百"并没有去组织化或弱化社工机构的动机。相反地，其初衷之一是希望通过实施"双百"培育一批本土的、属于社工自己的社会服务机构。在"双百"设计及推行之初，无论是主导该计划的干部还是行业专家，他们都认为在原有社会工作发展模式下，大型社工机构的运作存在弊端，政府购买社工服务的真正获益者是机构，一线社工和服务对象都未能真正获益。因此，通过"双百"培育属于一线社工自己的组织，再赋权推动其自主运作，让其成长为具有本土性、公益性的社会服务组织，这是"双百"专业发展的思路之一。例如，"双百"（第一批）申报通知中明确的任务目标就提到要"孵化200个志愿服务组织"；"双百"（第二批）申报通知中的任务目标仍然提到要"乡镇（街道）社会工作服务站应培育发展立足社区、服务群众的社会工作与志愿服务组织"。

2017年2月，卓志强公开表示，"双百"通过培养本土社会工作专业人才队伍，促进社会工作服务机构、社会工作支持平台、社会工作实务的本土化……后两年以孵化为主，着力培育本土有公信力的社会工作机构（颜小钗、李卫湘，2017）。

2017年7月，时任省民政厅社工处处长公开表示，"双百"是一项社会工作改革，改革的重要目标是进行社工机构改革，培育具有专业性、公益性和公信力的组织：社工机构改革。将通过社会机构先承接购买服务再招聘社工，向先培养社工再由社工组成社会工作服务组织转变，培育一批有专业性、有公益性、有公信力的社会工作服务组织（郑章树，2017）。

2018年，省民政厅副厅长在"双百"工作推进会上讲话提道：培育社会组织，各地依托社工站登记成立镇（街）社会工作与志愿服务协会，作为接受活动经费、对接慈善资金和发展志愿者的载体（王长胜，2018）。

从政策文本及政策主导者的公开发言可看出，在"双百"的最初阶段，培育本地的、有公信力的社会服务机构是重要的发展目标。前文所言的孵化或培育社会工作组织，在"双百"实际推行中，即以镇街为单位，由"双百"社工作为发起者，在民政部门登记注册"××镇（街）社会工作与志愿服务协会"，成为正式的社会服务组织。因为"双百"只是为期5年的专业发展计划，若5年期满"双百"社工何去何从？最初的设想是由"双百"社工建立属于他们自己的社会服务组织，进而承接政府部门的委托服务或是由省厅出面引入大型基金会资助其开展服务。前文提及的李嘉诚基金会、世界宣明会等参与资助"双百"就是在这样的背景下出现的。那时，研究者期待"双百"工作的重点是采取赋权策略，培育和提升已经成功注册的镇（街）社会工作与志愿服务协会的组织运营能力，摆脱依附镇（街）发展的状态，成为乡村社会治理的真正主体（向羽等，2020）。所以，在最初的设想和实践中，专业发展的思路并不是要去组织化或者弱化社工机构。同时，镇街直聘只是"双百"发展的过渡性策略，并未定于一尊。对此，有受访者进行了较为清晰的观察：

> 直聘这个概念应该要分几个阶段，最开始推和现在推的直聘，我感觉不一样。2017年那时推的镇街直聘其实只是过渡，你有没有这种感觉？因为那时候没有成立协会，临时性把它挂靠到政府那里。希望成立协会之后，就由协会来聘，当初的设计是这样的。后来的过程慢慢演变成直接镇街聘用。最开始的时候，有些还是县民政局去聘，镇街不接受。广东去推直聘模式，可以从不同的阶段谈它的变化。就比如说，最早的时候那种应该不叫直聘，后来演化成了镇街来聘，再到最终形成了这种模式。我感觉是演化的过程，它不是预期的样子。（U1）

然而，"双百"后续并未完全朝向最初设想的方向发展。据了解，两批"双百"共计407个社工站，虽然绝大部分都成功注册为"镇（街）社会工作与志愿服务协会"，并且所有的组织法人都是由"双百"一线社工担任。但遗憾的是，培育和提升这些本土社会服务组织的运营管理能力并未成为"双百"后续发展的工作重点，这些成功注册的本土社会服务组织并未真正独立运作起来。若仔细回顾政策主导者的公开发言，他们在后来论及"双百"目标时，再未提及培育本土社会服务组织，而更多聚焦在社会工作作为充实和强化基层政权治理和服务的力量，将"双百"社工归为民政社会工作。

这种演化的过程是上级指导与基层实践不断磨合的结果，这期间有分歧也有妥协。尽管"双百"是行政力量与专业力量合作的产物，但两者对专业发展的思路存在分歧。最初阶段，专业力量希望通过"双百"来培育本地社会服务组织，达成社区共治的目标，那时的政策主导干部也赞同这样的看法；同时政策主导的干部也将"双百"社工视为强化基层民政服务力量的补充，专业力量也不会公开反对这样的目标定位。然而，正如某受访者描述的那样，在推行过程中，专业力量的思路并未完全被地方政府特别是镇街所接纳，他们更希望将"双百"社工"抓在手里"，而非放任其成长为独立性的社会组织。

"双百"是介于孵化社会组织和培育政府基层力量之间。它有两套声音，一套是专业的声音，就像张老师一直强调通过孵化镇街一级的社工和志愿协会去达成社区自治。但对于省、市，特别是县和镇街，可能还是想要培育基层民政力量。民间组织和政府究竟是一种什么关系？他们可能觉得伙计关系更多一点，自己抓在手上才会有安全感。前面的时候，还有各地成立镇街一级的社工志愿协会，但是在中后期这个成立非常艰难。这种艰难的阻力应该就来自各层面的部门，无论哪一级都犹豫过，特别是镇街，感觉这个方向一直在摇摆。从这个角度来讲，我觉得曾经对社会组织孵化的期待，政府和专业力量在过程中是有差别的。从参与过程来讲，我感觉他们内部是摇摆过的，到"双百工程"阶段，那样的设计没有办法实现。(U1)

到"双百工程"，它转型其实是要加强政府管理，更加注重兜底保障这一块，所以就把这个放下了。(O2)

所以，在"双百"推动中，专业主导力量做出了妥协，并未继续纠结让镇街社会工作与志愿服务协会成为真正独立的社会组织，而是转而要求确保"双百"社工从业岗位的稳定，期待镇街社工站成为社会建设的事业单位，将"双百"社工纳入事业单位编制，让社工能真正扎根村居，期望社工发挥在场优势成为社区治理的专业力量。这样与最初的专业发展思路便是殊途同归。

三、小结

在本研究看来，"双百"模式尚未形成固定形态，一直处于动态演化之中。这主要表现在"双百"的总体定位、专业发展思路等各方面。其一，在总体定位上，最初或是早期的"双百"被视为一项社会工作专业改革的项目，后来逐步演化成一项民生政治工程。其二，在专业发展思路上，最初或早期的"双百"强调要培育本土组织，镇街直聘只是过渡性选择，后来镇街直聘却成为统一的要求。

第六章

结论与建议

本研究采用质性研究方法，针对 2016 年之后，广东专业社会工作发展的新探索——广东社工"双百计划"展开研究。具体研究目的主要包括两重：其一，阐述"双百"社会工作模式是什么；其二，分析"双百"社会工作模式兴起的脉络。本章将集中呈现研究发现，针对研究发现展开讨论，对未来发展提出实务建议。

第一节 研究发现

一、"双百"社会工作模式

本研究系统性地描述了"双百"迅速发展的历程，从不同维度阐述了"双百"社会工作模式，同时还探讨了动态演化中"双百"的样态。研究发现如下。

（一）"双百"的迅速发展

"双百"是在广东省民政厅主导下，结合社会工作专业力量，自上而下、迅速推动实施的一项社会工作发展项目。省民政厅主导和自上而下推动，一方面表现在民政厅通过密集的政策和政府行为推动"双百"实施，搭建起"双百"的基本框架；另一方面表现在民政厅通过示范建设和资金配套促使各级政府共同承担其"双百"的项目资金。行政力量与专业力量结合共同推动"双百",一方面表现在"双百"的酝酿和发起阶段专业力量深度介入,从专业视角论证了必要性;另一方面表现在张和清教授及"绿耕"团队的实践经验对"双百"发展方向的塑造。"双百"迅速推动,一方面表现在"双百"社工站的数量和覆盖范围迅速增长,另一方面表现在"双百"所需社工人力迅速增长。

(二)"双百"的多维要素

本研究将"双百"推行的一系列做法进行阐述归纳,指出它与原来的政府购买社会工作服务模式的不同。由此形成"双百"社会工作模式的多维要素,研究者以图 6-1 来描述。

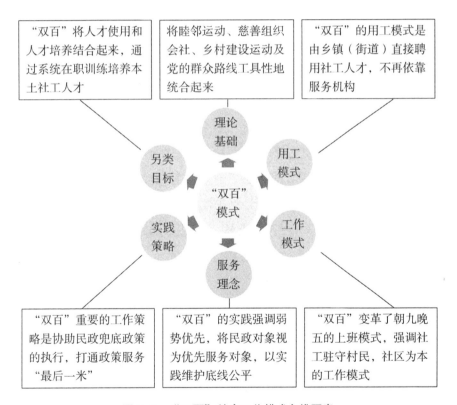

图 6-1 "双百"社会工作模式多维要素

　　"双百"社会工作模式包含六个维度，即理论基础、用工模式、工作模式、服务理念、实践策略和另类目标。具体来说：

　　其一，中西结合的理论基础。"双百"理论基础的建构主要站在实用主义立场，"中学为体，西学为用"，将中西方、国内外的社会工作传统糅杂结合起来。既借鉴西方社区睦邻运动与慈善组织会社的社会工作实践传统，又借鉴中国平民教育运动的实践传统，还结合中国共产党所倡导的群众路线。其二，镇街直聘的用工模式。"双百"改变了过去十多年主流的政府购买服务的用工模式，绕开社会服务机构，由镇街直接聘用社工提供社会服务。其三，驻守村居的工作模式。"双百"变革了"朝九晚五""工作与生活分离"的上班工作模式，倡导驻守村居的工作模式，既要求社工站及服务点深入村居，也要求社工服务实践坚持"三同"。其四，弱势优先的实践理念。"双百"重申弱势优先的实践理念，在宏观层面强调在偏远农村地区发展社会工作，在微观实践层面既强调将民政兜底群体视为优先服务对象，又强调将服务策略与民政主责主业结合起来。其五，将政策实践作为介入策略。"双百"坚持将政策实践作为实务介入策略，"双百"社工兼具了原有行政体系和购买服务体系的不同优势，有必要、有机会、有能力参与政策实践，打通政策服务"最后一米"。其六，培育本土专业社工人才。"双百"将社工人才的使用和培育结合起来，在人才晋用上采用"先有后优"的策略，希望通过系统性培训、三级支持网络和协同式督导，培育一批本土化的专业社工人才。

　　另外，值得注意的是，"双百"模式的六个维度之间，彼此具有关联性。第一，中西结合的专业力量基础贯穿于其他五个维度。第二，镇街直聘的用工模式让"双百"社工坚持弱势优先理念和参与政策实践具有身份和能力上的可能。第三，驻守村居的工作模式源于社区睦邻运动、平民教育运动和党的群众路线等理论传统，驻守村居的工作模式让坚持弱势优先和参与政策实践具有独特的"在场"优势，驻守村居的工作模式还要谨慎处理镇街直聘之下行政管理与专业自主的关系。第四，本土专业社工人才培育的重点包括专业理论的夯实、弱势优先价值理念的传递还有政策实践能力的培养等。

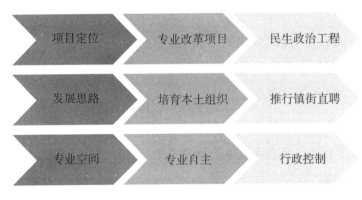

图6-2 "双百"动态演化样态

(三)"双百"的动态演化

本研究还指出，用"双百"模式不足以完整展现"双百"样态，因为"双百"从酝酿设计，启动实施，扩展发展以及转型升级，一直处于动态演化之中。为了清晰呈现"双百"动态演化，研究者以图6-2来描述。

"双百"动态演化表现在三个维度上，即项目定位、发展思路与专业空间。具体来说：

首先，项目定位。在早期阶段，"双百"更多被定位为一项专业社会工作发展改革计划，但在推进发展中，"双百"越来越多加入民政、政治及意识形态话语。到后来，"双百"更多被定位成一项政治民生工程。其次，发展思路。在早期阶段，"双百"重要的发展思路是培育本土社会服务组织，镇街直聘社工只是过渡性做法。然而，随着发展推进，培育本土社会组织的思路被放弃，镇街直聘社工成为全省统一要求的做法。最后，专业空间。大致上说，无论是微观实务介入还是宏观项目发展方面，在"双百"早期阶段，专业空间较大，专业自主力量影响较强，但在后来的发展中，专业空间减少，政府行政控制的力度增强，专业力量与行政力量此消彼长。

二、"双百"模式兴起的多重脉络

本研究系统性地分析了"双百"模式兴起的脉络，从不同脉络回应了"双百"模式为何会兴起以及为何会如此兴起。主要研究发现如下。

（一）意识形态脉络

主流意识形态理论从根本上决定了中国专业社会工作的发展，主要表现在三方面：其一，它决定了在中国发展的专业社会工作必定是本土化的、符合中国政治体制要求的、具有中国特色的专业社会工作。"双百"将主流意识形态论述结合并融入专业论述。其二，它也决定了在中国发展专业社会工作的目的，发展专业社会工作是为了回应以人民为中心、全心全意为人民服务的理念，改善和保障民生以赢得民心。正因有这些意识形态论述，民政部门才能积极推动"双百"兴起和实施。其三，它还决定了在中国发展专业社会工作，会更加偏向偏远乡村地区，更加注重基层兜底服务，更加注重党的领导和政府的直接掌控。"双百"率先在粤东西北地区开展，强调弱势优先，参与政策实践，强调驻守村居，以及推行镇街直聘都与之有关。

（二）经济脉络

经济因素是影响专业社会工作发展的重要因素。"双百"兴起和发展的经济脉络包括三方面：首先，广东省经济持续发展，为财政预算收入和支出的增长提供基础，进而为"双百"的发展提供财力支撑。"双百"坚持采用镇街直聘模式，而其他省市却未跟进此做法，从经济因素考虑，这是因为广东有这样的财力基础，而其他省份未必有。其次，广东经济发展状况为"双百"的兴起提供需求和契机，一方面是经济增速放缓，民生及社会保障问题日益凸显；另一方面是经济发展区域不平衡，导致社会服务供给能力区域不均衡。发展"双百"有助于回应因经济增长放缓而出现的问题，同时回应社会服务供给区域和城乡不公平问题。最后，广东省民政厅推动"双百"是考虑经济成本效益之后的政策抉择。他们认为，在粤东西北及偏远农村推动社会工作，成本效益更好，同时认为，采取镇街直聘比政府购买更能节省成本。

（三）专业脉络

"双百"被视为一项专业社会工作发展改革计划。过往广东专业社会工作发展状况构成了"双百"兴起和发展的专业脉络。这表现在三方面：第一，过往广东专业社会工作发展的成就，特别是在专业人才、专业认知及实务经验三方面累积，为"双百"兴起奠定专业基础。第二，过往广东专业社会工作十年发展暴露出的问题，特别是区域和城乡不平衡、原有政府购买服务模式的弊端等，为"双百"改革提供了契机。在粤东西北地区及偏远农村推行"双百"就是要回应区域和城乡不平衡问题，推动社会工作均衡发展。"双百"强调镇街直聘，驻守村居，弱势优先等是针对原有模式的改革。第三，粤东西北地区专业社会工作发展不足，特别是专业人才、专业机构、制度环境等缺乏，成为"双百"必须面对的现实状况。

第二节　讨论

本节将围绕本研究主要发现展开讨论，包括"双百"模式、"双百"模式兴起两部分。

一、"双百"模式具有独特性吗？

"双百"形成了一套特别的专业社会工作模式。研究者将进一步探讨"双百"模式与过往的专业社会工作模式的异同。如文献回顾所述，英美社会工作模式大致分为三种：其一，专业社会工作诞生初期的民间自发模式，以慈善组织会社与社区睦邻运动为代表。其二，专业社会工作发展时期福利国家建设与国家社会工作模式。其三，专业社会工作调整时期的福利国家改革与民营化社会工作模式。另外，中国的社会工作模式大致分为两种：其一，改革开放之前，国家办社会下的行政性社会工作模式。其二，改革开放之后，逐步形成的政府购买社会工作模式。除了英美社会工作模式中的第三种类型，"双百"模式与其他几种社会工作模式都具有关联度。后文将分别探讨"双百"与它们的异同。

（一）"双百"模式 vs. 民间自发模式

一方面，"双百"模式与以慈善组织会社和社区睦邻运动为代表的、专业社会工作发展早期的民间自发模式有类似之处。其一，"双百"从专业理论基础、工作模式、实践理念、服务策略等方面承袭了慈善组织会社与睦邻运动的某些做法。"双百"模式强调深入公共服务供给薄弱、问题需求突出、困难群体聚集的村居社区，建立社工服务站点，强调社工要驻守村居社区开展服务，打破专业界线，与群众打成一片等。这些实际上承袭了社区睦邻运动深入贫民窟、建立睦邻中心、与贫民同在、伙伴关系等理念。另外，"双百"模式强调入户访问、精准识别民政对象的需求，并且给予针对性的回应。这种做法呼应了慈善组织会社友善访问、个案评估、精准救助等理念。其二，"双百"模式中强调培育本土专业社工人才，探索本土化社会工作实践知识。这点与慈善组织会社强调对实践者的专门性训练，开启社会工作专业化历程具有相似性。

另一方面，"双百"模式与慈善组织会社与社区睦邻运动存在诸多差异。其一，"双百"模式是政府自上而下推动的结果，而慈善组织会社与社区睦邻运动都是自下而上、民间自发推动的。其二，从资金来源看，"双百"模式主要依靠政府正式支持，而慈善组织会社与社区睦邻运动主要依靠民间非正式支持。其三，社区睦邻运动与慈善组织会社的帮扶都带有明显的道德实践维度，包括判断对象是否值得救助，对贫民进行道德教化。"双百"模式没有这样的潜在道德假设和道德实践，但"双百"的实践还是具有道德性。因为"双百"宣称坚持弱势优先，守护底线公平，呼应专业对社会正义的要求。其四，社区睦邻运动，尤其是 Jane Addams 领导的社区睦邻运动，关注社会改革和政策倡导。"双百"模式虽有政策实践的维度，但更多是单向度地协助政策执行，打通政策服务"最后一米"，还未曾涉及对政策反馈、修正和倡导。

（二）"双百"模式 vs. 国家社会工作模式

一方面，"双百"模式与福利国家建设时期形成的国家社会工作模式具有相似之处。其一，在存在形态上，两种模式的社会工作都被纳入国家（政府）正式的福利体制之内，成为其进行福利输送的专业技术工具。其二，在用工模式上，两种模式的社工都由政府直接聘用，不需要第三方组织参与。其三，在服务供给方式上，两种模式的社工代表政府直接向民众供给社会服务。其四，在服务供给内容上，两种模式的社工有机会和有能力参与福利政策的执行。

另一方面，"双百"模式与福利国家建设时期形成的国家社会工作模式相当不同。其一，在工作岗位上，"双百"社工暂时仅以政府雇员的形式存在，并未逃脱"临时工"的命运，而国家社会工作模式中的社工属于正式的政府公职人员。其二，在专业裁量权上，国家社会工作模式中的社工因科层—专业主义体制而享有较高的专业自由裁量权，其专业地位得到法律体系的背书，而"双百"模式中的社工专业自主性和自由裁量权很弱，更多受到基层政府的行政控制。其三，在工作职责上，"双百"模式虽有一些政策制度规定社工岗位的职责范围，但制度约束效力较低，社工时常受到镇街政府的行政指令干扰，无法专注专业服务，更像是协助基层政府工作的行政人员；但在国家社会工作模式中，社工的岗位职责是由法律制度予以明确的，制度约束效力很强，社工能聚焦于专业事务，是正式福利体制中的专业技术人员。

（三）"双百"模式 vs. 行政性社会工作模式

一方面，"双百"模式与改革开放之前的行政性社会工作模式有类似之处。其一，在福利责任上，两者都强调国家（政府）对民众的照顾责任，国家需要为社会服务供给提供应有的财力支撑。其二，在服务供给方式上，两者都强调国家（政府）直接为民众提供社会服务。其三，在人力配备上，两者都强调国家（政府）直接雇用人力，社工队伍由政府直接掌控。

一方面，"双百"模式与改革开放之前的行政性社会工作模式相当不同。其一，在国家—社会关系上，"双百"模式中虽然也强调镇街直聘，但并不是完全消除社会性，让社会工作完全与政府融为一体，而是强调坚守社区阵地，推动社区自治；行政性社会工作模式则只存在于改革开放前的总体性社会阶段，国家社会融为一体，没有任何社会性可言。其二，在专业形态上，"双百"模式主张发展本土专业社会工作，发挥专业人才的专业作用，让专业人做专业事；而行政性社会工作模式下，没有任何专业性可言，也没有专业社会工作发挥的空间。其三，在服务对象上，"双百"模式强调聚焦民政兜底对象，主张弱势优先；行政性社会工作模式主要服务公务人员、国企员工或事业单位人员，其服务更像特权待遇，而非社会福利。

（四）"双百"模式 vs. 政府购买社会工作模式

在广东，"双百"模式被视为对过去十多年盛行的政府购买社会工作服务模式的改革。因此，这两种模式的对照尤为重要。为了清晰呈现两者状况，研究者以表6-1进行讨论说明。

表6-1 "双百"模式与政府购买社会工作模式对照

	维度	"双百"模式	政府购买社会工作模式
相同	推动主体	政府部门	政府部门
	推动方式	自上而下	自上而下
	资金来源	政府财政	政府财政
	专业形态	专业社会工作	专业社会工作
相异	主流意识形态理论	习近平新时代中国特色社会主义理论	科学发展观
	国家—社会关系状态	社会治理创新，强调规范、引导社会组织发展	社会管理创新，强调鼓励、培育社会组织发展
	范围/区域	粤东西北地区/农村	珠三角地区/城市
	主导部门	省民政厅	各地市民政局
	用工形式	镇街直聘	机构聘用
	服务供给主体	镇街社工站	社工机构
	话语体系	专业话语与意识形态结合	专业话语
	服务理念	弱势优先	指标优先
	工作模式	驻守村居	坐班模式
	社工人才	人才使用与培养相结合	直接使用
	督导模式	协同陪伴督导	常规督导
	服务对象	民政兜底对象	一般居民
	服务策略	政策实践+社区发展	服务活动

一方面，"双百"模式与政府购买社会工作模式具有类似之处。两者都是政府部门主导发展，都是自上而下推动，主要资金来源都是政府财政，都强调专业社会工作。另一方面，"双百"模式与政府购买社会工作模式不同。第一，两种模式的兴起状况有所不同。就主导部门而言，前者是省民政厅，后者是各地市民政局；就实施范围而言，前者集中在粤东西北地区，后者集中在珠三角地区。第二，两种模式在具体维度上存在诸多不同。就用工形式而言，前者是基层政府直聘，后者是社会服务机构聘用；就服务供给主体而言，前者是镇街社工站，后者是社会服务机构；就话语体系而言，前者强调将社会工作专业话语与意识形态理论话语结合起来，后者只是强调社会工作专业话语；就服务理念而言，前者主张弱势优先，后者实际是服务指标优先；就工作模式而言，前者倡导驻守村居，后者实行坐班模式；就社工人才而言，前者主张人才使用与人才培育相结合，推动本土专业社工人才队伍发展，后者是直接使用社工人才；就督导模式而言，前者倡导协同陪伴式督导，后者采用常规督导模式；就服务对象而言，前者聚焦民政兜底对象，后者针对一般社区居民；就服务策略而言，前者采用政策实践和社区发展，后者主要是服务活动。

二、"双百"模式兴起的脉络探讨

研究发现已经说明"双百"模式兴起的多重脉络。研究者将就"双百"兴起的脉络与英美及中国社会工作发展的经验展开对话。

（一）"双百"兴起与英美社会工作发展经验对话

1."双百"兴起与英美社会工作发展经验类似

"双百"模式兴起受到特定的意识形态、政治、经济及国家—社会关系脉络影响。如文献回顾所述，英美专业社会工作的诞生和发展同样受到这些因素的影响。因此，大致上说，"双百"模式兴起与英美社会工作发展经验类似。

（1）意识形态变迁影响专业社会工作发展

在英美社会工作诞生阶段，其主流意识形态是古典自由主义，强调个人责任与自我负责，反对国家干预，主张民间救助。在其影响下的社会工作是民间自发地、针对个体地干预。在发展阶段，其主流意识形态变成凯恩斯主义，强调国家对民众的照顾责任，福利国家兴起，主张政府直接提供服务，科层—专业主义的国家社会工作兴起。在调整阶段，其主流意识形态变成新自由主义，主张"小政府，大社会"，社会工作开始民营化与市场化。

（2）政治因素影响专业社会工作发展

在英美专业社会工作发展中，从福利国家建设与福利国家危机后的改革这两个阶段的发展，明显可以看出，政治因素是如何影响专业社会工作发展的。如文献回顾所述，英国的国家社会工作兴起源于"二战"末期，工党在选举中获胜，取得执政权，进而推行系列福利国家建设的计划；美国的发展则可追溯到20世纪30年代民主党人罗斯福推行"新政"及20世纪60年代民主党政府推行的"伟大社会"计划。这说明，政治因素推动了专业社会工作向前发展，让社会工作与福利体制结合得更为紧密。然而，在福利国家危机之后，政治因素再次成为影响专业社会工作的关键因素。这以英国保守党撒切尔夫人及美国共和党里根总统上台为标志，推行新公共管理改革，削减福利支出，推行市场化与民营化，给英美专业社会工作发展带来深远影响。

（3）经济因素影响专业社会工作发展

经济状况是影响英美专业社会工作诞生、发展和调整的重要因素。在诞生阶段，工业化与城市化导致城市社区及贫困人口问题，同时，经济发展造就了大批有闲有钱的中产阶级，前者为社会工作诞生提供契机，后者发展出第一批社会工作者。在发展阶段，国家社会工作源于福利国家建设，而福利国家发展的重要前提是英美国家资本主义经济持续增长，政府财政收入持续稳定增长，为政府扩大福利支出，发展国家社会工作奠定经济基础。到调整阶段，20 世纪 70 年代中后期出现的资本主义经济危机，造成经济"滞胀"，政府财政入不敷出，由此兴起了福利国家改革，削减福利支出和改变福利经费支出的方式使专业社会工作发展再次受到影响。显然，经济因素可能从正反两方面影响专业社会工作发展。如前所述，"双百"兴起和发展同样受到经济因素影响。一方面，中国经济发展步入新常态阶段，经济增速放缓，为发展"双百"提供契机；另一方面，广东省经济多年持续增长，政府财政收入充沛，这成为其推行"双百"并且坚持镇街直聘的经济基础。

（4）国家—社会关系影响专业社会工作

英美国家的国家—社会关系形态影响着专业社会工作发展。在诞生阶段，英美国家的国家—社会关系模式是"小政府，大社会"，因为古典自由主义宣扬的消极国家观，主张将国家（政府）权力限制到最小。反对国家干预，社会服务主要由社会供给，社会工作由民间发起。在发展阶段，英美国家的国家—社会关系模式是"大政府，小社会"，主张国家干预，承担福利责任，政府是社会服务供给的主体，这是随着福利国家建设而确立的，社会工作被纳入福利体制而得以发展。在调整阶段，英美国家的国家—社会关系模式再次调整，主张"弱政府，强社会"，这是福利国家改革导致的，福利服务朝向准市场化，专业社会工作再次受到影响。"双百"模式兴起和发展同样受制于国家—社会关系状态，进入新时代之后，中国开始倡导社会治理创新，治理是在党的领导和政府主导下的治理，坚持党对社会领域的领导，这是"双百"采用镇街直聘的重要影响因素。

2. "双百"与英美专业社会工作发展经验相异

如前所述，"双百"确实如英美专业社会工作发展经验所示的那样，也受到意识形态、政治、经济及国家—社会关系的影响。但显然，这些因素的具体所指和内涵很是不同，这导致"双百"模式与英美社会工作模式呈现不同。另外，在这些影响因素中，"双百"还有其独特之处。

（1）经济因素的特殊影响

英美专业社会工作受到经济因素影响，其重要维度是关注成本、效率与效果。在专业社会工作诞生阶段，从传统慈善转向科学慈善，追求社会工作专业化，其重要的动力即希望扶贫救助更加科学和有效，救助资源能得到更有效的支配。在专业社会工作调整阶段，变革传统的国家社会工作体系，转向去机构化、社会化和准市场化，其重要的动力即希望借助市场竞争机制，节约成本，提升福利支出效率和效果。在"双百"的兴起中，推动者同样从经济因素考虑成本效益议题，但并非用客观数据证明"双百"模式比原先的政府购买服务模式更节约成本，而是基于全省总体状况做出判断：粤东西北地区比珠三角地区更值得投入，更能达到"雪中送炭"的效果。

（2）国家—社会关系的特殊影响

在英美国家，无论哪一种国家—社会关系模式，其实质假设都是国家是分离对立的，两者是此消彼长的关系。但中国的国家—社会关系模式并非如此，无论是社会管理创新还是社会治理创新，其前提都是党委领导和政府负责，而后才有社会协同和参与。对"双百"来说，不止于此，还要考虑广东省对待社会组织态度的外在与内在特殊性。

（3）专业因素的特殊影响

"双百"模式兴起的脉络中，最为独特的是专业因素。我国的政府部门看到专业社会工作发展存在的不足，认为要推动一场新的专业变革，这直接引发了"双百"的诞生，并且塑造了"双百"模式的特别形态。

（二）"双百"兴起与中国过往社会工作发展经验对话

在"双百"模式兴起之前，专业社会工作在中国发展已久。特别是改革开放以来，专业社会工作经历了恢复重建和快速崛起阶段。

1. 观念变迁是专业社会工作发展的根本因素

在改革开放之后，专业社会工作能恢复重建，其根本原因在于观念发生变迁，社会工作不再被视为资产阶级的伪科学，而是对建设社会主义有用的学科。2006年以后，专业社会工作能迅速崛起，政府购买社会工作服务能迅速推进，其根本原因在于观念再次更新，科学发展观强调建设社会主义和谐社会，社会工作人才队伍是实现该目标的重要力量。所以说，主流意识形态理论变迁影响专业社会工作发展是中国专业社会工作发展的基本经验。

2. 政治是专业社会工作发展的主导力量

"双百"兴起深受政治因素影响，广东省民政厅是推动其发展的主导力量，采取自上而下的方式迅速推进。这与中国过往专业社会工作发展的经验类似。改革开放之后，专业社会工作恢复重建，重要的政治因素是民政部大力支持，将专业社会工作视为民政工作专业化的工具。2006年之后，专业社会工作的发展同样是各级民政部门主导推动。具体到广东，政府购买社会工作服务主要由各地市民政局主导推动，特别是广州与深圳两座核心城市的民政部门，对探索专业社会工作发展贡献巨大。

3. 学者是专业社会工作发展的影响因素

"双百"兴起受到专业力量的影响，特别是以张和清为代表的专业团队在其中发挥了重要的作用。具体包括对"双百"兴起的专业论证，对"双百"模式的设计和塑造，以及对"双百"模式的具体实施，都产生了实质影响。专业学者作用的发挥，与专业社会工作在过去的发展经验类似。例如，专业社会工作恢复重建得益于一批曾经受过社会工作教育的知名社会学的呼吁和倡导，最终率先从教育领域恢复重建专业社会工作。若再往前追溯，在 20 世纪早期，专业社会工作被引入中国，此过程同样是社会工作相关的教育者和研究者发挥了重要作用。

第三节　研究建议

本节研究者将依据研究发现和讨论，对中国社会工作及"双百"发展提出建议。

一、对中国专业社会工作发展的建议

（一）社会工作定义：在本土化与国际化间找到平衡点

由于受到主流意识形态及现实政治影响，中国一直试图重新定义专业社会工作。"双百"正在做这样的努力和尝试，试图建立具有中国特色的社会工作实践模式。专业追求本土化的尝试无可厚非，并且应当积极努力做出尝试。但当我们尝试对社会工作进行本土化，用本土资源重新定义专业社会工作时，必须考虑社会工作国际化议题。社会工作是全球公认的一门专业，世界范围内对专业的内在核心属性存在共同性认识。任何本土化的尝试都应该以保留社会工作专业内在核心属性为前提，而不是以本土化为借口剔除这些核心属性，否则社会工作将不再是社会工作。正如麦格雷戈（Mcgregor，2019）研究指出的那样，社会工作理论确实存在着不同的范式，但无论在何时何地使用何种范式来确定社会工作的方向、方法和目的，不同的社会工作理论之间始终存在一些恒定不变的部分，诸如，强调照顾与控制的平衡，强调人在环境中，强调伦理和实践原则，强调人际关系，强调人的权利和社会正义等。事实说明，社会工作知识的核心形式和本质在全球范围内存在共同特征。因此，研究者建议，中国专业社会工作发展必须在本土化和国际化之间找到平衡点，必须维系社会工作专业最核心的要义。

（二）社会工作模式：保持多元发展样态

"双百"在广东兴起，创造了一种特别的社会工作模式。尤其是"双百"一直坚持镇街直聘，绕过社会服务机构（准确地说是"双百"后来放弃了培育本土社会服务机构的发展目标），建设镇街社工站和村居服务点，直接提供社会服务。"双百计划"升级为"双百工程"之后，广东省镇街社工站将实现全省全覆盖，民政厅要求各地统一坚持镇街直聘。如今，全国已经掀起乡镇（街道）建设浪潮，广东"双百"对此产生了重要影响。有趣的是，无论是广东省还是其他省市，都没有完全采纳"双百"镇街直聘的做法。这正是研究者希望看到的状况。研究者肯定"双百"模式，但并不赞同它"一统天下""唯我独尊"。研究者认为专业社会工作更像是一个族群，有不同的样态和模式，中国专业社会工作发展模式必须保持多元样态。可参考台湾地区社会工作者多元化的进用模式。（贺志峰、向羽，2021）既积极创设和发展政府体制内专职社工岗，由政府直接提供服务，也继续完善准市场机制，推行政府购买社会服务，还可以探索市场化、企业化的社会服务供给。

（三）社会工作领域：超越民政界限

中国专业社会工作发展一直是由民政部门主导和推动，"双百"

同样如此。民政部门推动专业社会工作发展，其关注焦点是民政部门的业务范围，即"聚焦民政主责主业"。广东省民政厅明确宣示"双百"社工即民政社工，"双百"是民政化的社会工作。但社会工作民政化的倾向实际上窄化了专业社会工作发展空间，专业社会工作实践范畴不只局限在民政领域，服务对象也不只局限于民政对象。2023年3月，中共中央、国务院印发《党和国家机构改革方案》提出：组建中央社会工作部，作为党中央职能部门，负责"指导社会工作人才队伍建设"；并且明确说明"划入民政部的指导城乡社区治理体系和治理能力建设、拟订社会工作政策等职责，统筹推进党建引领基层治理和基层政权建设"。这说明国家顶层设计并未将社会工作限定在民政范畴。因此，研究者建议中国专业社会工作发展必须超越民政界限，挣脱民政视野，在其他领域进行拓展、深耕和发展。另外，借助各级党委组建社会工作部，强化党对社会领域领导的契机，让专业社会工作定位重返社会治理的高度，在社会治理视域下发挥更多更大的作用。

（四）社会工作责任：扩大社会福利

"双百"模式有一个特点值得肯定，即通过"双百"将专业社会工作真正与原有的、正式的国家福利体制做对接，社会工作开始参与正式的福利制度实践，让政策执行更为顺畅，所谓打通政策服务"最后一米"。但"双百"的实践只停留在民政领域，民政兜底对象只是有需要的人群中极小的部分。中国的社会福利覆盖范围小，保障水平低，若我们相信社会工作应当成为保障社会福利输送的专业，那么研究者建议，中国专业社会工作的发展应考虑如何与更多与福利体制做对接，如何扩大社会福利的覆盖范围、提升社会福利的保障水平和改善社会福利服务质量。

二、对"双百"模式发展的建议

（一）将社工站（点）建设成国家社会建设的事业单位

从新时代对中国社会工作的期待而言，"双百"目前由基层政府直聘社工建设乡镇社工站（点）的做法还远远不够。研究者认为应该进一步推动国家直聘社工并将社工站（点）建设成国家社会建设的事业单位，从而确保社会工作职业化发展。尽管镇街直聘社工的做法在一定程度上保证了从业者"有位""有为"，有助于社会工作职业化发展，但此模式下的社会工作者仍未能完全摆脱"临时工"命运，因为镇街直聘的社工并未被纳入国家编制序列。如果能将乡镇（街道）社工站（点）建设成社会建设事业单位，把从业社工纳入国家社会建设事业单位编制，无疑有益于社会工作职业化发展。从理论和实践的角度而言，作为专业从业者，社会工作者与医生、教师等助人职业在属性上并无差别，因此，社会工作从业岗位应该对标医生、教师，理应将社工站（点）建设成类似于基层卫生院、学校等具有专业性质的社会工作事业单位。一方面依托公共财政的支持，提供稳定、持续、具有吸引力的社会工作就业岗位；另一方面社会工作者的实操与医生、教师那样具有自主性的专业实务空间，充分发挥专业作用，使社会工作专业人士真正主导人民群众日常生活的社会服务实践。只有从根本上解决社会工作职业化发展的问题，才能吸引大批优秀的社会工作专业人才在社会建设事业中发挥专业作用，充分践行党的群众路线。

（二）确立互为主体的政社关系

如何定位政社关系是发挥社会工作专业性作用不能绕过的问题。纵观国家—社会关系的演变历程，在"国家办社会"的全能政府模式下只有行政性社会工作，没有专业社会工作；在"市场办社会"的政府购买服务模式下，出现准市场化异化的问题，导致社会工作机构依附政府（购买方）发展而缺乏专业自主性。为了实现习近平新时代中国特色社会工作的发展，在政社关系方面，既不能回到"国家办社会"全能政府的老路，也必须摆脱"市场办社会"政府购买服务市场化异化的困境（向羽、张和清，2023）。基于中国国情，社会工作与政府间的关系应该是互为主体的关系（张和清、廖其能，2020）。一方面，政府应该在社会工作相关制度安排（如保障社会工作职业化发展的法规政策等）和监督执行等方面发挥主体性作用，为社会工作发展创造专业空间和自主发展机会，树立社会工作专业地位。正如《社会工作伦理原则声明》所言，国家赋予了社会工作职业权利和权威。福利国家也启示我们，社会工作专业地位是通过国家/政府予以确立的。另一方面，社会工作应该在专业服务领域发挥主体性作用，在具体实践中保持专业自主，确保服务的专业性与有效性。因此，在实践中，互为主体的政社关系既要警惕政府主体性缺失，也要防止社会工作对政府的依附，相互尊重、政社合力才能达到共同目标。

（三）以法定责任明确专业职责

明确专业社会工作岗位职责及其服务领域和范围，是"双百"发挥社会工作者专业能力、做出专业性的重要经验。目前，全国各省市正在积极推进乡镇（街道）社工站建设，如果没有明确界定社会工作的专业岗位职责、人力配置、服务领域和范围，就会出现什么事都让社会工作者干，什么都管的问题，导致专业性受到削弱，严重影响乡镇（街道）社工站建设成效，不利于中国社会工作的健康发展。在"双百"，尽管明确了社会工作的岗位职责、服务领域和范围，但仍在实践中出现被行政化或"在政府部门打杂"等问题，干扰或中断社会工作者正常履行职责，专业性无法充分发挥。破解这一问题的最好办法就是以法规的形式将社会工作岗位职责明确下来，这也是世界上许多国家和地区常见的做法。1945—1979 年期间，英国相继制定了 34 项政策法案来厘清社会照顾责任，其中不少是对社会工作角色的明确要求（Payne，2005）。台湾地区也是以社会政策立法的方式来确立社会工作者法定角色和职责。这种做法对当下中国大陆乡镇社工站建设无疑具有借鉴价值。

（四）专业实践从个案救助迈向社区共治

"双百"模式重要的实践策略是参与民政政策实践，打通政策服务"最后一米"。已有研究指出，"双百"的政策实践并非传统的社会行政（向羽等，2020），而是一种社会性、发展型的个案救助实践（张和清、廖其能，2021b）。个案救助是"双百"引以为傲的实践策略，动人的个案救助故事也是"双百"营销宣传的重点。社会性个案救助确实非常有意义，在实践层面能为当事者（服务对象）带去实质性帮助，在理论层面也是一种弥合社会工作微观实践与宏观实践之间鸿沟的探索。但需要注意的是，个案救助始终只是对原有政策实践的"查漏补缺"，随着"双百"深入推行，漏洞和间隙会逐步被填补，那"双百"的实践何去何从？尽管"双百"的专业设计者张和清在不同场合都在积极倡导"双百"要"个案救助与社区共治"并重，但在实行中社区共治并没有得到足够重视。如果说个案救助是紧扣和融入传统民政业务之中，那么在强调基层社会治理的新时代，专业社会工作更应该聚焦基层社会治理，以专业思维和方法推动社区发展，促进社区共治。

（五）建设人民性社会工作

人本主义、人道主义本身就是慈善组织会社、社区睦邻运动等西方早期社会工作的价值追求，而新时代以人民为中心的发展思想则对社会工作提出更高的要求——人民性。习近平总书记强调："坚持人民性，就是要把实现好、维护好、发展好最广大人民根本利益作为出发点和落脚点，坚持以民为本、以人为本。"中国社会工作必须坚持"人民至上"的基本原则。"双百"强调社会工作要进入人民群众的"灶头、炕头、心里头"，全心全意服务困难群众和特殊群体，就是以人民性作为"双百"社会工作的专业定位。坚持社会工作的人民性，就是不能将社会工作专业作为追逐个人名利的工具，不能把社会工作机构变成职业精英聚合的团体，也不能把社会工作者变成技术精英或技术官僚。坚持社会工作人民性，就是要在专业实践中充分体现弱势优先、公平正义的价值观。根本方法就是践行党的群众路线，具体来说就是扎根社区、与社区民众"三同"。社会工作的人民性呼应了简·亚当斯与贫民同在及对伙伴关系的强调，也呼应了贝莎·雷诺兹（Bertha Reynolds）对"专业主义"的警惕。真正好的、专业的社会工作不是走向自我的象牙塔，而是应该走向人民，不是去替人们复制、规划所谓的好人生，而是与人民一起努力创造改变。

第四节　研究贡献

本研究在知识理论和政策实务上有所贡献。

一、知识理论贡献

第一，本研究用翔实、丰富的数据资料及访谈资料，从多个视角呈现出广东"双百"社会工作模式。具体包括"双百"迅速发展的特征、"双百"模式包含的六个维度，以及"双百"动态演变的三个表现。本研究还进一步探讨了"双百"模式与英美及中国过往专业社会工作发展模式的异同，展现出"双百"模式的独特之处。这对于理解中国专业社会工作发展样态具有知识和理论贡献。

第二，本研究用翔实、丰富的数据资料、访谈资料及二手数据，系统地分析了"双百"模式兴起的多重脉络。具体包括意识形态脉络、政治脉络、经济脉络、国家—社会关系脉络以及专业脉络。本研究还进一步探讨了"双百"兴起的经验与英美及中国过往专业社会工作发展经验异同，指出了"双百"兴起本身具有的特殊性。这对于理解中国专业社会工作如何发展起来及可能朝向何方发展具有知识和理论的贡献。

二、实务政策贡献

第一，基于本研究的发现和讨论，研究者对中国专业社会工作未来发展提出了实务政策建议。包括定义社会工作时需要考虑在本土化与国际化中找到平衡点，社会工作模式应该保持多元样态，社会工作发展应该超越民政界限，社会工作实践应该积极专注扩大社会福利。

第二，基于本研究的发现和讨论，研究者对"双百"及乡镇社工站建设提出了实务政策建议。包括要将乡镇社工站建设成国家社会建设的事业单位，让直聘社工成为体制内的专业人员；要确立互为主体的政社关系，既要政府提供和保障专业社会工作实践所需的条件，又要保持专业的自主性，分工合作，平等对话；要以法律制度来明确社工的岗位职责，真正让专业的人做专业的事；实践策略要注意从个案救助转向社区共治，真正融入基层社会治理体系；要坚持社会工作的人民性。

第五节　研究限制

本研究旨在以广东"双百计划"为案例，探究中国特色专业社会工作发展模式。研究者是"双百"的亲历者，本以为会对此项研究游刃有余，但实际推进研究时发现难度远超想象。

此项研究，研究者选择了一个相对宏观的研究议题。但研究者高估了自己处理宏观议题分析的能力。尽管研究数据比较充足，但数据分析并不够透彻，某些章节甚至有资料堆砌的嫌疑。另外，研究者对资料的概念化、抽象化及理论化的能力不足，导致最终研究结果的呈现有欠缺，概念提炼和理论提升不够。

参考文献

一、中文文献

（一）专著

[1] 陈向明. 质的研究方法与社会科学研究 ［M］. 北京：教育科学出版社，2000.

[2] 邓小平. 邓小平文选：第二卷 ［M］. 北京：人民出版社，1994.

[3] 丁建定. 社会福利思想 ［M］. 3 版. 武汉：华中科技大学出版社，2019.

[4] 弗里德曼. 资本主义与自由 ［M］. 张瑞玉，译. 北京：商务印书馆，2004.

[5] 顾俊礼. 福利国家论析：以欧洲为背景的比较研究 ［M］. 北京：经济管理出版社，2002.

[6] 郭忠华，刘训练. 公民身份与社会阶级 ［M］. 南京：江苏人民出版社，2008.

[7] 哈耶克. 通往奴役之路 ［M］. 王明毅，冯兴元，等译. 北京：中国社会科学出版社，1997.

[8] 赫尔德. 民主的模式 ［M］. 燕继荣，等译. 北京：中央编译

出版社，1998.

　　［9］顾江霞，黄晓．广东高校社工教育发展报告［M］//罗观翠，刘晓玲．广东社会工作发展报告．北京：中国社会科学出版社，2018.

　　［10］民进中央宣传部．雷洁琼文集［M］．北京：开明出版社，1994.

　　［11］李汉林．中国单位社会：议论、思考与研究［M］．上海：上海人民出版社，2004.

　　［12］李培林．导论：社会工作、社会治理与中国经验［M］//李培林，王春光．当代中国社会工作总论．北京：社会科学文献出版社，2014.

　　［13］李宗勋．公共服务之活化：民营化政策的签约外包策略［M］//詹中原．新公共管理—政府再造的理论与实务．台北：五南图书出版公司，2002.

　　［14］林闽钢．现代西方社会福利思想：流派与名家［M］．北京：中国劳动社会保障出版社，2012.

　　［15］林万亿，郑君如，等．社会工作名人传［M］．台北：五南图书出版股份有限公司，2014.

　　［16］林万亿．福利国家：历史比较的分析［M］．台北：巨流图书公司，1994.

　　［17］中共中央马克思恩格斯列宁斯大林著作编译局．共产党宣言［M］．北京：人民出版社，2014.

　　［18］民政部社会工作司．国外及港台地区社会工作发展报告［M］．北京：中国社会出版社，2010.

　　［19］诺齐克．无政府、国家和乌托邦［M］．姚大志，译．北京：中国社会科学出版社，2008.

　　［20］庞金友．现代西方国家与社会关系理论［M］．北京：中国政

法大学出版社，2006.

[21] 施凯. 党的社会工作导论 [M]. 上海：上海人民出版社，2006.

[22] 孙立平. 转型与断裂：改革以来中国社会结构的变迁 [M]. 北京：清华大学出版社，2004.

[23] 王春光. 社会工作与社会管理 [M] //李培林，王春光. 当代中国社会工作总论. 北京：社会科学文献出版社，2014.

[24] 王世博. 社会工作与社会福利 [M] //李培林，王春光. 当代中国社会工作总论. 北京：社会科学文献出版社，2014.

[25] 王思斌，阮曾媛琪，史柏年. 中国社会工作教育的发展 [M]. 北京：北京大学出版社，2014.

[26] 王思斌. 社会工作导论 [M]. 北京：高等教育出版社，2004.

[27] 王思斌. 社会政策与社会工作服务 [M] //张静. 中国社会学四十年. 北京：商务印书馆，2019.

[28] 熊贵彬. 中国社会工作的历史和走向 [M] //李培林，王春光. 当代中国社会工作总论. 北京：社会科学文献出版社，2014.

[29] 徐震，林万亿. 当代社会工作 [M]. 台北：五南图书出版股份有限公司，1999.

[30] 言心哲. 现代社会事业 [M]. 石家庄：河北教育出版社，2012.

[31] 阎明. 中国社会学史：一门学科与一个时代 [M]. 北京：清华大学出版社，2010.

[32] 杨善华. 社会学的恢复和重建 [M] //张静. 中国社会学四十年. 北京：商务印书馆，2019. [33] 俞可平. 引论：治理和善治 [M] //俞可平. 治理与善治. 北京：社会科学文献出版社，2020.

[34] 袁方，王汉生. 社会研究方法教程 [M]. 北京：北京大学出版社，2015.

[35] 张和清，廖其能，等.. 从群众中来到群众中去："双百"社

会工作概论［M］.北京：中国社会出版社，2021.

［36］张乐天.告别理想：人民公社制度研究［M］.上海：上海人民出版社，2005.

［37］张李玺，林慧芳.社工教育理论与实践：中国经验［M］//梁丽清，陈启芳.知而行·行而知：香港社会工作教育的反思与探索.香港：香港中文大学出版社，2008.

［38］赵穗生.“国强民弱”现象论：当代中国大陆国家社会关系变动分析［M］//周雪光，当代中国的国家与社会关系.台北：桂冠图书股份有限公司，1992.

［39］庄秀美.社会工作名人与名著［M］.台北：松慧有限公司，2004.

［40］邹谠.二十世纪中国政治：从宏观历史与微观行动角度看［M］.香港：牛津大学出版社，1994.

［41］YIN R K.质性研究：从开始到完成［M］.李政贤，译.台北：五南图书出版股份有限公司，2014.

（二）期刊报纸

［1］蔡舒.中国社会工作专业的重建以及需待解决的几个重要问题［J］.中山大学学报论丛，1993（Z2）.

［2］陈启清.正确理解和适应新常态［J］.中国国情国力，2014（10）.

［3］陈社英.中国社会工作专业的重建：一个时代与经历的回顾［J］.社会工作，2020（5）.

［4］陈友华，苗国，彭裕.中国社会工作发展及其面临的体制性难题［J］.思想战线，2012，38（3）.

［5］费孝通.重建社会学与人类学的回顾和体会［J］.中国社会科

学，2000（1）.

[6] 高鉴国，孙淑霞. 中国社会学的恢复与重建：访徐经泽教授 [J]. 山东大学学报（哲学社会科学版），2008（4）.

[7] 葛道顺. 我国社会工作制度：变迁中的建构 [J]. 东岳论丛，2012，33（10）.

[8] 耿显家. 新中国建立以来社会组织发展轨迹考察：基于"国家与社会"角度的分析 [J]. 山东大学学报（哲学社会科学版），2017，54（5）.

[9] 宫蒲光. 社会工作：社会治理创新的重要制度安排 [J]. 中国民政，2014（7）.

[10] 关信平. 论当前我国社会政策托底的主要任务和实践方略 [J]. 国家行政学院学报，2016（3）.

[11] 关信平. 社会政策发展的国际趋势及我国社会政策的转型 [J]. 江海学刊，2002（4）.

[12] 郭伟和. 嵌入和自主：中国专业社会工作发展十年的回顾与展望 [J]. 中国民政，2016（23）.

[13] 郭伟和. 体制内演进与体制外发育的冲突：中国农村社会工作的制度性条件反思 [J]. 北京科技大学学报（社会科学版），2007（4）.

[14] 郭伟和. 转型社会背景下中国社会工作的发展战略选择 [J]. 思想战线，2011，37（4）.

[15] 何历宇. 论中国社会工作发展的两个分析维度 [J]. 上海行政学院学报，2014，15（3）.

[16] 何增科. 论改革完善我国社会管理体制的必要性和意义：中国社会管理体制改革与社会工作发展研究之一 [J]. 毛泽东邓小平理论研究，2007（8）.

[17] 何增科. 社会管理体制改革背景下的社会工作发展思路：中国社会管理体制改革与社会工作发展研究之三 [J]. 毛泽东邓小平理论研究，2007 (10).

[18] 何增科. 社会管理体制改革的总体思路：走向新的社会管理模式：中国社会管理体制改革与社会工作发展研究之二 [J]. 毛泽东邓小平理论研究，2007 (9).

[19] 贺志峰，向羽. 台湾地区公部门社会工作人员进用制度及其启示 [J]. 社会治理，2021 (5).

[20] 侯建州，黄源协. 专业主义 vs 管理主义：英国社会工作历史的检视 [J]. 台大社会工作学刊，2012 (10).

[21] 黄彦宜. 温柔的权威：十九世纪汤恩比馆的发展 [J]. 社区发展季刊，2007 (119).

[22] 揭爱花. 单位：一种特殊的社会生活空间 [J]. 浙江大学学报 (人文社会科学版)，2000 (5).

[23] 景天魁. 引致和谐的社会政策：中国社会政策的回顾与展望 [J]. 探索与争鸣，2008 (10).

[24] 康晓光，韩恒. 分类控制：当前中国大陆国家与社会关系研究 [J]. 社会学研究，2005 (6).

[25] 雷杰，蔡天. 国家、社会与市场的交织：英国社会工作专业化发展回顾 [J]. 社会工作，2019 (4).

[26] 雷杰. "专业化"，还是"去专业化"？：论我国社会工作发展的两种话语论述 [J]. 中国社会工作研究，2014 (1).

[27] 雷洁琼，水世琤. 国家、社会与市场的交织：英国社会工作专业化发展回顾 [J]. 社会工作，2019 (4).

[28] 李立国. 创新社会治理体制 [J]. 求是，2013 (24).

[29] 李晓辉，徐晓新，张秀兰，等. 应对经济新常态与发展型社

会政策2.0版：以社会扶贫机制创新为例［J］. 江苏社会科学，2015（2）.

［30］李迎生，方舒. 中国社会工作模式的转型与发展［J］. 中国人民大学学报，2010，24（3）.

［31］李迎生，韩文瑞，黄建忠. 中国社会工作教育的发展［J］. 社会科学，2011（5）.

［32］李迎生. 国家、市场与社会政策：中国社会政策发展历程的反思与前瞻［J］. 社会科学，2012（9）.

［33］李迎生. 探索社会工作介入社会治理创新的有效路径［J］. 社会工作与管理，2014，14（3）.

［34］李友梅. 中国社会治理的新内涵与新作为［J］. 社会学研究，2017，36（6）.

［35］李佐军. 引领经济新常态 走向好的新常态［J］. 国家行政学院学报，2015（1）.

［36］刘继同. "中国特色"社会工作与构建和谐社会［J］. 甘肃理论学刊，2007（6）.

［37］刘威. "一个中心"与"三种主义"：中国社会工作本土化的再出发［J］. 中州学刊，2011（3）.

［38］刘振，徐永祥. 历史分期与理想类型：中国社会工作百年兴衰的历史考察［J］. 学术界，2019（5）.

［39］刘振，徐永祥. 中国社会工作的生成路径与发展困境：基于历史制度主义的分析［J］. 天府新论，2017（5）.

［40］柳拯，黄胜伟，刘东升. 中国社会工作本土化发展现状与前景［J］. 广东工业大学学报（社会科学版），2012，12（4）.

［41］路风. 单位：一种特殊的社会组织形式［J］. 中国社会科学，1989（1）.

［42］莫邦豪，刘继同．中国特色：经济市场化与福利社会化［J］.
The Hong Kong Journal of Social Work，2012，32（1）．

［43］彭华民．中国政府社会福利责任：理论范式演变与制度转型创新［J］．天津社会科学，2012（6）．

［44］彭秀良．中国社会工作发展史几个问题的讨论［J］．社会工作，2016（2）．

［45］史柏年．教师领办服务机构：中国社会工作专业化的理性选择［J］．华东理工大学学报（社会科学版），2013，28（3）．

［46］史柏年．新世纪：中国社会工作教育面对的选择［J］．北京科技大学学报（社会科学版），2004（1）．

［47］孙立平，等．改革以来中国社会结构的变迁［J］．中国社会科学，2013（2）．

［48］孙双琴．论当代中国国家与社会关系模式的选择：法团主义视角［J］．云南行政学院学报，2002（5）．

［49］孙志丽，张昱．中国社会工作的发端［J］．华东理工大学学报（社会科学版），2009，24（4）．

［50］田毅鹏．转型期中国社会原子化动向及其对社会工作的挑战［J］．社会科学，2009（7）．

［51］王世军．金大金女大社会工作专业沿革［J］．南京师大学报（社会科学版），2001（5）．

［52］王思斌，秦小峰．时段理论和结构-建构视角下的中国社会工作发展［J］．江苏社会科学，2018（6）．

［53］王思斌，阮曾媛琪．和谐社会建设背景下中国社会工作的发展［J］．中国社会科学，2009（5）．

［54］王思斌．非协调转型背景下中国社会工作教育的发展［J］．北京科技大学学报（社会科学版），2004（1）．

［55］王思斌.略论社会政策的社会治理功能［J］.社会政策研究，2016（1）.

［56］王思斌.社会工作在社会托底工作中要发挥重要作用［J］.中国社会工作，2017（1）.

［57］王思斌.社会政策时代与政府社会政策能力建设［J］.中国社会科学，2004（6）.

［58］王思斌.试论经济发展新常态下积极的社会政策托底［J］.东岳论丛，2015，36（3）.

［59］王思斌.新常态下积极托底社会政策的建构［J］.探索与争鸣，2015（4）.

［60］王思斌.中国社会工作的经验与发展［J］.中国社会科学，1995（2）.

［61］王思斌.中国社会工作的嵌入性发展［J］.社会科学战线，2011（2）.

［62］王思斌.中国式现代化新进程与社会工作的新本土化［J］.社会工作，2023（1）.

［63］王思斌.中国特色社会工作体系建设的内容、特点与原则［J］.中国社会工作，2019（13）.

［64］魏礼群.新时代十年我国推进社会治理现代化的重大创新与成就［J］.行政管理改革，2023（4）.

［65］武力.中国计划经济的重新审视与评价［J］.当代中国史研究，2003（4）.

［66］夏学銮.中国的社会变迁和社工教育［J］.中国社会工作，1996（4）.

［67］向羽，袁小良，张和清."双百社工"在乡村社会治理中何以可为［J］.社会工作，2020（4）.

[68] 向羽，张和清．政府购买服务准市场化的异化与中国特色社会工作发展道路反思：以广东社会工作发展历程为例［J］．暨南学报（哲学社会科学版），2023，45（2）．

[69] 行红芳．社会工作职业化进程中的矛盾与社会工作教育的回应［J］．社会工作（下半月），2010（6）．

[70] 熊跃根．转型时期中国社会工作专业教育发展的路径与策略：理论解释与经验反思［J］．华东理工大学学报（社会科学版），2005（1）．

[71] 颜小钗，李卫湘．双百计划：加速全粤社会工作专业化、均衡化进程：访广东省民政厅厅长卓志强［J］．中国社会工作，2017（3）．

[72] 杨心恒．说说中国社会学的恢复与重建［J］．炎黄春秋，2015（1）．

[73] 尹冬华．"双百工程"让兜底民生服务更有力度、更有温度、更有准度：访广东省民政厅厅长卓志强［J］．中国民政，2021（18）．

[74] 俞可平．中国公民社会：概念、分类与制度环境［J］．中国社会科学，2006（1）．

[75] 俞可平．走向国家治理现代化：论中国改革开放后的国家、市场与社会关系［J］．当代世界，2014（10）．

[76] 郁建兴，周俊．论当代资本主义国家与社会关系的变迁［J］．中国社会科学，2002（6）．

[77] 袁方．中国社会工作教育及其面临的转变［J］．中国社会工作，1997（1）．

[78] 袁华音．民政工作与社会工作趋合论［J］．社会学研究，1993（4）．

[79] 张德明．教会大学与民国乡村建设：以燕京大学清河实验区为个案的考察［J］．北京社会科学，2013（2）．

[80] 张和清，廖其能，李炳标. 中国特色社会工作实践探索：以广东社工"双百"为例 [J]. 社会建设，2021，8（2）.

[81] 张和清，廖其能. 发展型社会救助的中国社会工作实践探索：以广东"双百"为例 [J]. 西北师大学报（社会科学版），2021，58（6）.

[82] 张和清，廖其能. 乡镇（街道）专业社会工作发展中互为主体性建构研究：以广东"双百计划"为例 [J]. 社会工作，2020（5）.

[83] 张雷声. 论社会主义社会主流意识形态 [J]. 马克思主义研究，2008（4）.

[84] 张宁渤. 中山大学社会工作教育发展探析 [J]. 社会工作，2012（12）.

[85] 张曙. 需求、供给与我国社会工作制度建构 [J]. 学海，2011（6）.

[86] 张英阵，郑怡世. 再探 Jane Addams 的社区工作理念 [J]. 社会政策与社会工作学刊，2012，16（1）.

[87] 张昱，孙志丽. 社会工作的社会建构 [J]. 华东理工大学学报（社会科学版），2010，25（2）.

[88] 张昱. 嵌入亦或转型：社会工作发展路径思考 [J]. 中国社会工作，2012（33）.

[89] 郑功成. 从国家—单位保障制走向国家—社会保障制：30 年来中国社会保障改革与制度变迁 [J]. 社会保障研究，2008（2）.

[90] 郑功成. 中国社会保障 70 年发展：1949—2019：回顾与展望 [J]. 社会保障研究，2019，33（5）.

[91] 郑广怀，王晔安，马铭子. "以红领专"：社会工作者的专业自主性与国家的领导权建构 [J]. 社会学研究，2021，36（6）.

[92] 郑广怀，张若珊. 价值理念的本土化：三十年来中国社会工

作发展的反思 [J]. 中国研究, 2020 (2).

[93] 郑怡世. 国家、福利治理与社会工作: 英国 1968 年后国家社会工作发展的历史分析 [J]. 社会政策与社会工作学刊, 2010, 14 (1).

[94] 周黎安. 中国地方官员的晋升锦标赛模式研究 [J]. 经济研究, 2007 (7).

[95] 朱春雷. 建国后中国国家与社会关系研究综述 [J]. 广州社会主义学院学报, 2007 (1).

[96] 朱力. 我国社会工作模式的转换 [J]. 中国社会工作, 1997 (2).

[97] 庄解忧. 世界上第一次工业革命的经济社会影响 [J]. 厦门大学学报 (哲学社会科学版), 1985 (4).

[98] 胡锦涛. 高举中国特色社会主义伟大旗帜 为夺取全面建设小康社会新胜利而奋斗 [N]. 人民日报, 2007-10-25 (1).

(三) 电子文献

[1] 邓小平. 邓小平在中国共产党十二点上的开幕词 [EB/OL]. 共产党员网, 2012-09-27.

[2] 公能社工. 数说社工: 9 组资料告诉你社工发展趋势 (2021) [EB/OL]. 公能社工 (公众号), 2021-11-09.

[3] 广东社工双百工程. 双百工程项目简介 [EB/OL]. 广东省民政厅门户网站, 2022-03-20.

[4] 广东省民政厅. 关于实施 "广东兜底民生服务社会工作双百工程" 的通知 [EB/OL]. 广东省民政厅门户网站, 2020-11-10.

[5] 广东省民政厅. 关于印发 "广东兜底民生服务社会工作双百工程" 实施方案的通知 [EB/OL]. 广东省民政厅门户网站, 2021-01-12.

［6］广东省民政厅. 关于印发《"广东兜底民生服务社会工作双百工程"乡镇（街道）社会工作服务站管理办法》的通知［EB/OL］. 广东省民政厅门户网站，2021-08-12.

［7］广东省民政厅. 关于做好"双百镇（街）社会工作服务五年计划"启动阶段有关工作的通知［EB/OL］. 广东省民政厅门户网站，2017-10-09.

［8］广东省民政厅. 广东社工双百计划管理干部培训班如期举行［EB/OL］. 广东省民政厅门户网站，2017-07-28.

［9］广东省民政厅. 广东省民政厅关于做好乡镇（街道）社会工作服务站建设运营示范项目申报工作的通知［EB/OL］. 广东省民政厅门户网站，2019-01-03.

［10］广东省民政厅. 广东省民政厅关于做好粤东西北地区双百镇（街）社会工作服务站建设运营示范项目申报工作的通知［EB/OL］. 广东省民政厅门户网站，2016-10-09.

［11］广东省民政厅. 广东省社会工作十年发展报告［EB/OL］. 广东省民政厅门户网站，2016-11-08.

［12］广东省民政厅. 广东省双百镇（街）社会工作服务五年计划社工招聘公告［EB/OL］. 广东省民政厅门户网站，2017-01-10.

［13］广州市民政局. 广州市社会工作十年发展报告［EB/OL］. 广州市民政局门户网站，2016-11-08.

［14］国务院. 国务院关于印发"十三五"推进基本公共服务均等化规划的通知［EB/OL］. 中国政府网，2017-03-01.

［15］陈勇，周帙恒，廖洁. 加强乡镇（街道）社会工作人才队伍建设推进会在长沙召开［EB/OL］. 红网，2020-10-17.

［16］胡锦涛. 胡锦涛在中国共产党第十八次全国代表大会上的报告［EB/OL］. 共产党员网，2012-11-17.

[17] 胡耀邦.全面开创社会主义现代化建设的新局面：在中国共产党第十二次全国代表大会上的报告［EB/OL］.共产党员网，2012-09-27.

[18] 黄树贤.切实发挥民政在脱贫攻坚战中的兜底保障作用［EB/OL］.共产党员网，2018-01-18.

[19] 江泽民.高举邓小平理论伟大旗帜，把建设有中国特色社会主义事业全面推向二十一世纪：江泽民在中国共产党第十五次全国代表大会上的报告［EB/OL］.共产党员网，2012-09-27.

[20] 江泽民.加快改革开放和现代化建设步伐，夺取有中国特色社会主义事业的更大胜利：江泽民在中国共产党第十四次全国代表大会上的报告［EB/OL］.共产党员网，2012-09-26.

[21] 江泽民.全面建设小康社会，开创中国特色社会主义事业新局面：在中国共产党第十六次全国代表大会上的报告［EB/OL］.共产党员网，2012-06-05.

[22] 民政部，财政部关于政府购买社会工作服务的指导意见［EB/OL］.中国政府网，2012-11-28.

[23] 民政部 财政部 国务院扶贫开发领导小组办公室.民政部 财政部 国务院扶贫办关于支持社会工作专业力量参与脱贫攻坚的指导意见［EB/OL］.中国政府网，2017-08-18.

[24] 民政部办公厅.民政部办公厅关于加快乡镇（街道）社工站建设的通知［EB/OL］.搜狐，2021-04-22.

[25] 把握机遇、乘势而上 社会工作迈向高质量发展阶段［EB/OL］.澎湃新闻，2022-03-23.

[26] 习近平：推进上海自贸区建设 加强和创新特大城市社会治理［EB/OL］.人民网，2014-03-06.

[27] 中国共产党第十八届中央委员会第四次全体会议公报［EB/OL］.

人民网，2015-08-03.

［28］中央经济工作会议在北京举行 习近平李克强作重要讲话［EB/OL］. 人民网，2013-12-14.

［29］深圳市民政局. 深圳市社会工作十年发展报告［EB/OL］. 深圳市民政局门户网站，2016-10-08.

［30］世界宣明会. 世界宣明会-"双百计划"首次培训在穗完满举行［EB/OL］. 世界宣明会门户网站，2018-03-29.

［31］王长胜. 王长胜副厅长在"双百计划"启动仪式上的讲话［EB/OL］. 广东省民政厅门户网站，2017-07-01.

［32］王长胜. 王长胜副厅长在第六届"岭南社工宣传周"启动仪式暨"双百计划"宣讲会上的讲话［EB/OL］. 广东省民政厅门户网站，2017-03-23.

［33］王长胜. 王长胜巡视员在2018年广东社工"双百计划"工作推进会上的讲话［EB/OL］. 广东省民政厅门户网站，2018-08-08.

［34］习近平. 决胜全面建成小康社会 夺取新时代中国特色社会主义伟大胜利——在中国共产党第十九次全国代表大会上的报告［EB/OL］. 共产党员网，2017-10-27.

［35］习近平首次系统阐述"新常态"［EB/OL］. 人民网，2014-11-10.

［36］罗争光. 构筑具有中国特色的社会工作服务体系：我国社会工作发展综述［EB/OL］. 中国政府网，2017-03-22.

［37］习近平对民政工作作出重要指示［EB/OL］. 中国政府网，2019-04-02.

［38］习近平主持召开基层代表座谈会并发表重要讲话［EB/OL］. 中国政府网，2020-09-19.

［39］中共中央办公厅 国务院办公厅印发《关于加强乡镇政府服务

能力建设的意见》[EB/OL].中国政府网，2017-02-20.

[40] 全国逾70万人获社会工作者职业资格证2022年考试报名启动 [EB/OL].新华网，2022-04-26.

[41] 中国共产党第十八届中央委员会第三次全体会议公报[EB/OL].理论中国网，2021-10-08.

[42] 民政部召开社会工作与基层民政能力建设座谈会 [EB/OL].中华人民共和国民政部，2017-10-12.

[43] 张和清："双百社工"是"驻村"不是"下乡" [EB/OL].搜狐，2017-08-20.

[44] 张和清.双百的初衷与磨砺：二：上 [EB/OL].上善若水张睿（公众号），2018-02-10.

[45] 张和清.双百的初衷与磨砺：一 [EB/OL].上善若水张睿（公众号），2018-01-30.

[46] 张占斌."三期叠加"的阶段性特征 [EB/OL].人民网，2015-01-29.

[47] 赵紫阳.沿着有中国特色的社会主义道路前进：在中国共产党第十三次全国代表大会上的报告 [EB/OL].共产党员网，2012-09-25.

[48] 郑章树.一名前驻村工作队长从社会工作理念谈如何做好驻村扶贫工作 [EB/OL].广东省扶贫办，2018-07-22.

[49] 郑章树.再困难也要坚持 [EB/OL].广东双百计划（公众号），2017-07-09.

[50] 广东省人民政府.转发国务院批转教育部面向21世纪教育振兴行动计划的通知 [EB/OL].广东省人民政府门户网站，1999-01-13.

[51] 中华人民共和国民政部.2020年民政事业发展统计公报[EB/OL].民政部门户网站，2021-04-13.

［52］民政部办公厅.民政部办公厅关于2017年度社会工作和志愿服务法规政策规划落实情况的通报［EB/OL］.民政部门户网站，2018-04-13.

［53］卓志强.在广东社工"双百计划"推进工作视频会议上的讲话［EB/OL］.广东省民政厅门户网站，2017-06-07.

［54］卓志强.卓志强："双百"社工要落实好"扎根一村居，做专做精做细做实后，再逐步辐射"的服务策略［EB/OL］.广东省民政厅门户网站，2020-11-18.

（四）其他

［1］FONG R.社会工作原理及中国人价值观与信念的典范变异［C］//曾家达.21世纪中国社会工作发展国际研讨会论文集.北京：中国社会出版社，2001.

二、英文部分

（一）专著

［1］ADDAMS J. 20 Years at Hull-House ［M］. New York：Macmillan Pub，1910.

［2］ALCOCK P. Social Policy in Britain：Themes and Issues ［M］. London：Macmillan Press，1996.

［3］ASHTON E T，YOUNG A F. British Social Work in the Nineteenth Century ［M］. London：Routledge，1998.

［4］BARTLETT W，GRAND J L. The Theory of Quasi-Markets ［M］// GRAND I L，BARTLETT W，Quasi-Markets and Social Policy. London：Macmillan Publishers，1993.

［5］CLARKE J，COCHRANE A，Smart C. Ideologies of Welfare：

From Dreams to Disillusion [M]. London: Routledge, 1992.

[6] CLARKE J, NEWMAN J. The Managerial State : Power, Politics and Ideology in the Remaking of Social Welfare [M]. London: Sage Publications Ltd, 1997.

[7] CRESWELL J W, POTH C N. Qualitative Inquiry and Research Design Choosing Among Five Approaches (5 ed) [M]. Los Angeles , London , New Delhi , Singapore, Washington DC, Melbourne: SAGE Publications, Inc, 2018.

[8] DENG Z, JING Y. The Construction of the Chinese Civil Society [M] //DENG Z. State and Civil Society: The Chinese Perspective. Singapore: World Scientific, 2011.

[9] DENZIN N K, LINCOLN Y S. Introduction: The Discipline and Practice of Qualitative Research [M] //DENZIN N K, LINCOLN Y S. The SAGE Handbook of Qualitative Research: 5 ed. Melbourne: SAGE Publications, Inc, 2018.

[10] ESPING-ANDERSEN G. After the Golden Age? Welfare State Dilemmas in a Global Economy [M] //ESPING - ANDERSEN G. Welfare States in Transition: National Adaptations in Global Economies. London: SAGE Publications Ltd, 1996.

[11] ESPING-ANDERSEN G. The Three Worlds of Welfare Capitalism [M]. Princeton, New Jersey: Princeton University Press, 1990.

[12] GOLDENBERG I I. Build Me a Mountain: Youth, Poverty, and the Creation of New Settings [M]. Cambridge: MIT Press, 1971.

[13] GOUGH I. The Political Economy of the Welfare State [M]. London: Red Globe Press, 1979.

[14] HUDSON J, HWANG G - J. Pathways of Welfare State

Development in East Asia. ［M］//IZUHARA M. Handbook on East Asian Social Policy. Northampton：Edward Elgar Publishing Limited，2013.

［15］KUHN T S. The Structure of Scientific Revolutions（4 ed）［M］. Chicago：The University of Chicago Press，2012.

［16］LEUNG J B，NANN R C. Authority and Benevolence：Social Welfare in China ［M］. Hong Kong：Chinese University Press，1995.

［17］LINCOLN Y S，GUBA E G. Naturalistic inquiry ［M］. London：SAGE Publications，1985.

［18］LINCOLN Y S，LYNHAM S A，GUBA E G. Paradigmatic Controversies，Contradictions，and Emerging Confluences，Revisited ［M］// DENZIN N K，LINCOLN Y S. The SAGE Handbook of Qualitative Research（5 ed.）. London ：SAGE Publications，Inc，2017.

［19］LOWE R. The Welfare State in Britain since 1945（2 ed.）［M］. London：Macmillan，1999.

［20］LUNE H，BERG B L. Qualitative Research Methods for the Social Sciences（9 ed.）［M］. London：Pearson Education Lit，2017.

［21］MARSHALL J D. The Old Poor Law，1795-1834（2 ed.）［M］. London：Macmilan，1985.

［22］MISHRA R. The Welfare State in Capitalist Society ［M］. New York：Routledge，2014.

［23］MYLES J. When Markets Fail：Social Welfare in Canada and the United States ［M］//ESPING-ANDERSEN G，MCNICOLL G. Welfare States in Transition：National Adaptations in Global Economies. London：SAGE Publications Ltd，1997.

［24］NGOK K. Bring the State Back In：The Development of Chinese Social Policy in China in the Hu-Wen Ear ［M］//MOK K H，LAU M K

W. Managing Social Change and Social Policy in Greater China：Welfare Regimes in Transition. New York：Routledge，2013.

［25］NGOK K. Shaping Social Policy in the Reform Era in China ［M］//IZUHARA M. Handbook on East Asian Social Policy. Northampton：Edward Elgar Publishing Lit，2013.

［26］OSBORNE D，GAEBLER T. Reinventing Government：How the Entrepreneurial Spirit is Transforming the Public Sector（1 ed.）［M］. New York：Addison-Wesley，1993.

［27］OSBORNE D，PLASTRIK P. Banishing Bureaucracy：The Five Strategies For Reinventing Government ［M］. New York：Basic Books，1997.

［28］O´CONNOR J. The Fiscal Crisis of the State ［M］. New Jersey：Transaction Publishers，2001.

［29］PALMER T G. After the Welfare State ［M］. Arlington，Washington，Ottawa：Jameson Books-Students for Liberty，2012.

［30］PALMER T G. Bismarck's Legacy ［M］//PALMER T G. After the Welfare State. Arlington，Washington，Ottawa：Jameson Books-Students for Liberty，2012.

［31］Payne M. The Origins of Social Work：Continuity and Change ［M］. New York：Palgrave Macmillan，2005.

［32］PAYNE M. Modern Social Work Theory：A Critical Introduction （2 ed.）［M］. New York：Palgrave Macmillan，1997.

［33］PIERSON J H. A New History of Social Work：Values and Practice in the Struggle for Social Justice ［M］. New York：Routledge，2022.

［34］PIERSON P. Dismantling the Welfare State?：Reagan，Thatcher and the Politics of Retrenchment ［M］. Cambridge：Cambridge University Press，1994.

［35］POWELL M. Welfare State Reforms in the United Kingdom ［M］//SEELEIB-KAISER M. Welfare State Transformations： Comparative Perspectives. New York： Palgrave Macmillan, 2008.

［36］SEIDMAN I. Interviewing as Qualitative Research： A Guide for Researchers in Education and the Social Sciences： 3 ed. ［M］. New York： Teachers College Press, 2006.

［37］STAKE R E. The Art of Case Study Research ［M］. Los Angeles, London , New Delhi： SAGE Publications, Inc, 1995.

［38］STERN M J, AXINN J. Social Welfare： A History of the American Response to Need (9 ed) ［M］. New York： Pearson College Div, 1995.

［39］EBER M. The Protestant Ethic and the Spirit of Capitalism (1 ed) ［M］. London： Routledge, 1930.

［40］WOODROOFE K. From Charity to Social Work in England and the United States ［M］. London： Routledge & Kegan Paul, 1962.

（二）期刊

［1］ABRAMOVITZ M. Social Work and Social Reform： An Arena of Struggle ［J］. Social Work, 1998, 43 (6) .

［2］BAO J. What is the Role of Social Work in China? A Multi-Dimensional Analysis ［J］. Advances in Social Work, 2014, 15 (2) .

［3］BARNEKOV T K, RAFFEL J A. Public Management of Privatization ［J］. Public Productivity & Management Review, 1990, 14 (2) .

［4］BRIELAND D. The Hull-House Tradition and the Contemporary Social Worker： Was Jane Addams Really a Social Worker? ［J］. Social Work, 1990, 35 (2) .

［5］BUTLER I. A Code of Ethics for Social Work and Social Care Research ［J］. The British Journal of Social Work, 2002, 32 (2) .

［6］ CAREY M. Everything Must Go? The Privatization of State Social Work ［J］. The British Journal of Social Work, 2008, 38 (5) .

［7］ DOMINELLI L, HOOGVELT A. Globalization and the Technocratization of Social Work ［J］. Critical Social Policy, 1996, 16 (47) .

［8］ FRANKLIN D L. Mary Richmond and Jane Addams: From Moral Certainty to Rational Inquiry in Social Work Practice ［J］. Social Service Review, 1986, 60 (4) .

［9］ GHAFOURI R, OFOGHI S. Trustworth and Rigor in Qualitative Research ［J］. International Journal of Advanced Biotechnology and Research, 2016, 7 (4) .

［10］ GLBELMAN M, SCHERVISH P H. Social Work and Public Social Services Practice: A Status Report ［J］. Families in Society, 1996, 77 (2) .

［11］ HARRIS J. Scientific Management, Bureau-Professionalism, New Managerialism: The Labour Process of State Social Work ［J］. The British Journal of Social Work, 1998, 28 (6) .

［12］ HARRIS J. State Social Work and Social Citizenship in Britain: From Clientelism to Consumerism ［J］ . The British Journal of Social Work, 1999, 29 (6) .

［13］ HEALY K, MEAGHER G. The Reprofessionalization of Social Work: Collaborative Approaches for Achieving Professional Recognition ［J］. The British Journal of Social Work, 2004, 34 (2) .

［14］ HOGGETT P. A New Management in the Public Sector? ［J］. Policy & Politics, 1991, 19 (4) .

［15］ HUTCHINGS A, TAYLOR I. Defining the Profession? Exploring an International Definition of Social Work in the China Context ［J］. International Journal of Social Welfare, 2007, 16 (4) .

［16］ KABOOLIAN L. The New Public Management: Challenging the Boundaries of the Management vs Administration Debate ［J］. Public Administration Review, 1998, 58 (3) .

［17］ KERRISON S H, POLLOCK A M. Caring for older people in the private sector in England ［J］. The BMJ, 2001, 323 (7312) .

［18］ KOLDERIE T. The Two Different Concepts of Privatization ［J］. Public Administration Review, 1986, 46 (4) .

［19］ KAHKONEN L. Quasi-markets, Competition and Market Failure in Local Government Services ［J］. Kommunal Ekonomi Och Politik, 2004, 8 (3) .

［20］ LAW A K , JIANG X G. Social Work Education in Mainland China: Development and Issues ［J］. Asian Social Work and Policy Review, 2008, 2 (1) .

［21］ GRAND J L. Quasi - Markets and Social Policy ［J］. The Economic Journal, 1991, 101 (408) .

［22］ LEUNG T T F. The Work Sites as Ground of Contest: Professionalization of Social Work in China ［J］. The British Journal of Social Work, 2012, 42 (2) .

［23］ LEUNG T T F, YIP N M, HUANG R, et al. Governmentality and the Politicization of Social Work in China ［J］. The British Journal of Social Work, 2012, 42 (6) .

［24］ LI Y , HAN W-J, Huang C-C. Development of Social Work Education in China: Background, Current Status, and Prospects ［J］. Journal of Social Work Education, 2012, 48 (4) .

［25］LIPSKY M, SMITH S R. Nonprofit Organizations, Government, and the Welfare State ［J］. Political Science Quarterly, 1989, 104 (4) .

［26］LYMBERY M. Social Work at the Crossroads ［J］. The British Journal of Social Work, 2001, 31 (3) .

［27］MCGREGOR C. A Paradigm Framework for Social Work Theory for Early 21st Century Practice ［J］. The British Journal of Social Work, 2019, 49 (8) .

［28］MERRIEN F-X. Governance and Modern Welfare States ［J］. International Social Science Journal, 1998, 50 (1) .

［29］NGOK K. State Capacity, Policy Learning, and Policy Paradigm Shift: Institutionalization of the Theory of Scientific Development in China ［J］. Korean Journal of Policy Studies, 2009, 24 (2) .

［30］PARSONS T. The Professions and Social Structure ［J］. Social Forces, 1939, 17 (4) .

［31］POPPLE P R. The Social Work Profession: A Reconceptualization ［J］. Social Service Review, 1985, 59 (4) .

［32］POSTLE K. The Social Work Side is Disappearing. I Guess it Started with Us being Called Care Managers ［J］. Practice, 2001, 13 (1) .

［33］POSTLE K. Working "Between the Idea and the Reality": Ambiguities and Tensions in Care Managers' Work ［J］. The British Journal of Social Work, 2002, 32 (3) .

［34］RHODES R A W. The New Governance: Governing Without Government ［J］. Political Studies, 1996, 44 (4) .

［35］ROBINSON R. Restructuring the Welfare State: An Analysis of Public Expenditure, 1979/80-1984/85 ［J］. Journal of Social Policy, 1986, 15 (1) .

[36] ROTHMAN J, MIZRAHI T. Balancing Micro and Macro Practice: A Challenge for Social Work [J]. Social Work, 2014, 59 (1).

[37] SAVAS E S. Privatization and the New Public Management [J]. Fordham Urban Law Journal, 2001, 28 (5).

[38] SCHNEIDER R L, NETTING F E. Influencing Social Policy in a Time of Devolution: Upholding Social Work's Great Tradition [J]. Social Work, 1999, 44 (4).

[39] SCHRAM S F, SILVERMAN B. The End of Social Work: Neoliberalizing Social Policy Implementation [J]. Critical Policy Studies, 2012, 6 (2).

[40] SMYTHE W E, MURRAY M J. Owning the Story: Ethical Considerations in Narrative Research [J]. Ethics & Behavior, 2000, 10 (4).

[41] TSANG A K T, YAN M-C. Chinese Corpus, Western Application: The Chinese Strategy of Engagement with Western Social Work Discourse [J]. International Social Work, 2001, 44 (4).

[42] WALTON R G, NASR M M A E. Indigenization and Authentization in Terms of Social Work in Egypt [J]. International Social Work, 1988, 31 (2).

[43] WALTON R. Social Work as a Social Institution [J]. The British Journal of Social Work, 2005, 35 (5).

[44] WONG L, NGOK K. Social Policy between Plan and Market: Xiagang (Off-duty Employment) and the Policy of the Re-employment Service Centres in China [J]. Social Policy & Administration, 2006, 40 (2).

［45］ WONG L. Market Reforms, Globalization and Social Justice in China ［J］. Journal of Contemporary China, 2004, 13 (38) .

［46］ WU F, HUANG N. New Urban Poverty in China: Economic Restructuring and Transformation of Welfare Provision ［J］ . Asia Pacific Viewpoint, 2007, 48 (2) .

［47］ XIONG Y, WANG S. Development of Social Work Education in China in the Context of New Policy Initiatives: Issues and Challenges ［J］. Social Work Education, 2007, 26 (6) .

［48］ YAN M C, TSANG A K T. A Snapshot on the Development of Social Work Education in China: A Delphi Study ［J］. Social Work Education, 2005, 24 (8) .

［49］ YAN M C. Social Functioning Discourse in a Chinese Context: Developing Social Work in Mainland China ［J］ . International Social Work, 1998, 41 (2) .

［50］ YIP K-S. A Chinese Cultural Critique of the Global Qualifying Standards for Social Work Education ［J］. Social Work Education, 2004, 23 (5) .

［51］ YIP K-S. Tensions and Dilemmas of Social Work Education in China ［J］. International Social Work, 2007, 50 (1) .

［52］ YUEN-TSANG A W K, WANG S. Tensions Confronting the Development of Social Work Education in China: Challenges and Opportunities ［J］. International Social Work, 2002, 45 (3) .

(三) 电子文献

［1］ DANIELS B. Poverty and Families in the Victorian Era ［EB/OL］. Hidden Lives Revealed, 2021-12-20.

［2］Global Social Work Statement of Ethical Principles（Chinese Version）［EB/OL］. International Federation of Social Workers，2021－12－23.

［3］LOFTUS D. The Rise of the Victorian Middle Class［EB/OL］. BBC，2011－02－17.

后　记

中国特色社会主义进入新时期，社会主要矛盾发生转变，这对中国专业社会工作发展提出了新要求，也提供了新契机。社会工作实务界与理论界都急切期盼和呼吁探索建立具有中国特色社会工作体系。广东省民政厅 2016 年年底启动实施的"双百计划"正是新时期探索中国特色专业社会工作发展的一种实践尝试。

本书聚焦探讨中国特色专业社会工作发展模式，将广东"双百计划"作为研究案例。本书共分为六章。第一章介绍了研究背景和研究目的。本章简要回溯中国专业社会工作发展历程及广东专业社会工作发展历程，说明由于新的发展需要探索中国特色专业社会工作发展，进而引入本研究的两个目的：其一，描述中国特色专业社会工作模式样态；其二，分析中国特色专业社会工作模式的兴起。第二章、第三章都属于文献回顾内容。探讨专业社会工作发展模式需要向历史经验汲取养分，第二章重点回顾了英美专业社会工作发展历程和经验，第三章着重回顾了中国专业社会工作发展的历程和经验。通过文献回顾，研究者归纳出影响专业社会工作发展的重要因素，包括主流意识形态、政治、经济以及国家—社会关系状态等，为建立研究概念框架奠定了基础。第四章说明了研究方法。具体而言，本研究采用质性研究方法，采用多种工具收集资料，具体分析时将量化资料与质化资料结合起来，注意研究过程的严谨性和确保研究符合伦理规范。第五章属于研究发现，重点阐述了"双百"模式的样态，包括"双百"是如何发展的，"双百"包含的多维要素以及"双百"是如何动态演变的。第六章是研究结论与建议。本章对研究结论进行归纳，将"双百"模式与中外已有专业社会工作模式、"双百"发展经验与中外已有专业社会工作发展经验进行讨论比较，并对中国专业社会工作发展及"双百"模式发展提出建议。

本书以本人的博士论文为基础编辑整理而成。受限于研究者的水准，论述分析不能尽善尽美。研究者认为，要将社会工作这个西方舶来专业真正转化成我们自己的东西，即真正实现本土化，需要不同世代学者接续努力；探索建立具有中国特色专业社会工作体系是一条未竟之路，需要更多的实践和研究来夯土筑基。因此，希望此书出版能抛砖引玉，让更多人关注、讨论、参与和投入其中。

本书能完成离不开良师益友的指导帮助，也离不开家人朋友的支持。第一，要感谢我的导师张英阵教授。英阵老师总让我想起君子如玉这个成语。因为他总是儒雅温和，谦逊有礼，在接触中总能感受到他的真诚、包容、尊重、平等与关怀，他总是以好社工的方式待人接物，真正做到了知行合一。感谢英阵老师的教诲，以严谨却又开放的态度与我一起推进研究。第二，要感谢张和清教授。张老师是我在专业上的引路人，他对专业的热忱和理想一直激励着我，感谢他对我完成此项研究的大力支持。第三，要感谢潘中道副教授、许雅惠教授以及王笃强教授对我的指导和提点。第四，要感谢愿意参加研究访谈的社工界的朋友，感谢他们愿意贡献智慧，限于伦理，无法具名。第五，要感谢于风政教授对我进修的大力支持，感谢刘英俊副教授、谭桂珍副教授及沈淑珍老师对我家人的关照，更要感谢贺志峰副教授的支持和协助，还要感谢徐月宾教授对此书出版的大力支持。第六，要感谢我的家人。感谢小春舅舅、玉兰舅妈对我经济上的大力支持，感谢幺爸幺妈对我们家庭的关照，感谢父母、岳父母的照顾和分担，特别要感谢我的妻女，她们是我努力完成研究的动力和源泉。

向羽

2023 年 6 月 29 日于珠海